부처님, 나의 부처님

Mātrceta's Hymn to the Buddha

부처님, 나의 부처님

일백오십찬불송 一百五十讚佛頌

마트리체타 지음 · 의정 한역 · S. 담미카 영역 · 허만항 한글 번역

운주사

일러두기

1. 게송의 범어본은 D. R. Shackleton Bailey의 *The Śatapañcāśatka of Mātṛceṭa* (Cambridge 1951) 판본을 사용했으며, 원문 입력은 Jens-Uwe Hartmann이 하였고, 원문의 해당 사이트는 http://fiindolo.sub.uni-goettingen.de/gretil/1이다. 한역본은 당唐 의정(義淨, 635-713) 스님이 한역漢譯한 것으로, 신수대장경 제32책 1680권 (pp.758b~762a)에 수록되어 있다. 영역본은 1989년에 Buddhist Publication Society (BPS)에서 The Wheel Publication No. 360/361로 간행된 것으로, 영역자가 D.R. Shackleton-Bailey과 Edward Conze의 영역본을 참고하여 S. 담미카Dhammika 스님(호주 출신, 상좌불교 수행자, 스리랑카·싱가포르 등지에서 활동)이 현대인들의 기도에 활용할 수 있도록 번역한 것이다.

2. 서문과 영문본 텍스트는 스리랑카 BPS도서의 한국어판 소유자인 (사)고요한 소리로부터 출판 동의를 받은 것이다.

3. 영역본의 번역은 영어 원문을 중심으로 번역하였지만, 의미를 정확히 드러내기 위해 산스크리트 단어의 본래 의미를 최대한 살리는 한편, 대원만불교중심 『애혜인愛慧人』에 실린 정관淨觀의 번역본을 참고하였다.

4. 서문에서의 주석은 영역본 서문의 주석이며, 역자가 주석을 단 것은 역자주로 표시하였다.

5. 『일백오십찬불송』에 대한 이해를 돕기 위해 부록 Ⅰ, Ⅱ를 첨부하였다.

영역자 서문

수세기 동안 사람들은 붓다와 그의 성취를 경외하였고, 자신들의 느낌을 돌과 청동에, 그리고 붓과 잉크로 표현하였다. 어떤 이들은 붓다가 말한 것의 논리적 일관성과 광범위함, 그리고 인간미에 감동받았다. 또 어떤 이들은 그의 인품과 태도, 그리고 심지어 육신의 모습에 감화를 받았다. 붓다의 인품을 회상하고 그를 찬탄하여 노래하는 것은 그러한 사람들에게 환희심으로 믿음(śraddhā)과 감사의 마음을 불러일으켜 깨달음의 길을 걷게 하는 데 큰 힘을 주었다. 그들에게 다르마는 붓다의 생애와 본보기를 통해 되살아난다.

바로 그와 같은 사람이 시인 마트리체타Mātṛceṭa였다. 그는 서기 1세기경 인도에서 태어났으며, 위대한 철학자 아리야데와(Āryadeva, 聖天)에 의해 힌두교에서 불교로 개종하였다. 그는 십여 편의 작품을 집필하였으며, 몇몇 저술은 그 아름다운 문장으로 인해 인도에서 가장 위대한 시 중의 하나로 평가되었다.[1] 서기 7세기경 인도 전역을 여행한 중국인 순례자 의정義淨은 마트리체타의 시에 대해 다음과 같이 평한다.

---

1 A. K. 와더Warder, 『인도 카브야 문학(*Indian Kāvya Literature*)』(델리, 1974) II권, 제7장에 마트리체타 작품의 문체와 내용, 그리고 두운법과 인도 카브야 전통에서 그것의 위치에 대한 상세한 정보가 담긴 분석이 실려 있다. (역자주: 카브야Kāvya 문학은 산스크리트어로 쓰인 고대 인도의 서사시 문학을 가리키는 말로, 대표적인 카브야 문학에는 『마하바라타』와 『라마야나』가 있다.)

이 매력적인 문장은 그 아름다움이 천상의 꽃과 같고, 이 책에 담겨 있는 높은 도의道義는 그 위엄이 높이 솟아오른 산봉우리에 견줄 만하다.

결과적으로 인도에서 찬가를 지은 이들은 모두 그를 문학의 아버지라 여기고 그의 문체를 모방하였다. 심지어 아상가(Asaṅga, 無着)와 바수반두(Vasubandhu, 世親)도 그를 위대하다고 칭찬하였다. 인도 전역에 걸쳐 수행승이 된 모든 이들은 오계와 십계를 암송할 수 있게 된 후, 바로 마트리체타가 지은 두 가지 찬가를 배웠다.

의정도 또한 그가 얼마나 인기가 많았는지 알려주는, 그 시에 대해 전해져 오는 아름다운 전설을 자세히 이야기하였다.

붓다가 살아 계실 적에, 한때 그는 그를 따르는 이들을 지도하면서 사람들 사이로 난 숲을 거닐고 계셨다. 그 숲에 있던 새 한마리가 붓다를 보고서…… 마치 그를 찬탄하는 것처럼 아름다운 선율로 지저귀기 시작했다. 붓다는 그의 제자들을 돌아보면서 말씀하셨다. "저 새는 나를 보고서 환희에 차 무의식적으로 아름다운 선율로 지저귄다. 이 훌륭한 행동으로 인해 내가 간 후에 이 새는 인간의 모습으로 태어나 마트리체타라 이름하고, 진정 감사의 마음으로 나의 덕을 찬탄할 것이다."

이러한 몇 가지 단편적인 정보 외에는 우리가 마트리체타에 대해 아는 것이 전혀 없고, 오늘날 그의 이름은 다만 그의 가장 위대한 작품인 『일백오십찬불송(Śatapancāśatka)』과 연관하여 기억되고 있을 뿐이다. '일백오십찬불송'이라는 이름은, 비록 그 작품에는 실제로 152개 또는 어떤 판본에 의하면 153개의 게송이 있지만, 글자 그대로는 "150게송으로 된 찬가"를 뜻한다. 이것은 상당 부분 인도문학의 박티bhakti 또는 헌신의 장르에 속하지만, 그와 같은 작품에서 흔히 보이는 특징인 현란한 문체에서 자유롭다는 점에서 참신하다. 섀클턴 베일리Shackleton-Bailey는 "이 찬가의 문체는 단순하고 직접적이며, 과장된 복합어와 정교한 비유에서 자유롭다"라고 주석을 달고 있다.[2] 와더Warder는 "이 게송들에 보이는 절제된 표현은 표현 수단을 완전히 정복하고서 주의 깊게 선택한 몇몇 단어를 사용하여 외적인 장엄의 지원을 받지 않고 풍부한 의미를 표현할 수 있다"라고 말한다. 그는 계속해서 이 게송들은 "시인의 겸손하고 초연한 자세는 진정성을 드러내는 일종의 묵언법默言法으로 취급된다"고 말한다.[3] 확실히 산스크리트 원본의 찬가에 익숙한 사람들은 모두 언어와 의미 양면에서 빼어난 아름다움을 인정한다. 고대 인도에서는 이 찬가에 대한 수많은 주석서들이 집필되었다. 이 찬가는 불교의 모든 학파의 추종자들에게 인기가 많았고, 몇 가지 다른 언어로 번역되었다. 위대한 티베트 역사가인 따라나타Tāranātha는, 이 찬가는 인도 외부로의 불교 전파에 중요한 역할을 했으며, 만약 이 시가 한때 그랬던 것처럼 잘 알려지게 된다면 붓다와 그의 가르침에 대한 흥미를 계속해서 창출할 수도 있을 것이라고 말한다.[4]

---

2 D. R. 샤클레톤 베일리Shackleton-Bailey, 『마트리체타의 일백오십찬불송(*The Śatapancāśatka of Mātṛceṭa*)』(캠브리지, 1951).

3 『인도 카브야 문학』(*Indian Kāvya Literature*), II권, p.234.

4 라마 침빠Lama Chimpa 및 알라카 차토파다야야Alaka Chatto- padhayaya, 『따라나타의

마트리체타보다 수세기 전 사람인 우빨리Upāli 장자는 붓다의 현존에 매우 감화를 받아, 그 또한 찬가를 지었다. 누군가가 왜 찬가를 지었는지 그 이유를 묻자, 그는 이렇게 대답했다.

> 그것은 마치 솜씨 있는 화환 장인이나 그의 문하생이 끈으로 묶어서 다채로운 화환을 만들었을지도 모르는, 다양한 꽃들로 이루어진 커다란 꽃 더미가 놓여 있는 것과 같습니다. 마찬가지로 세존께선 많은 뛰어난 덕성을 지니고 계십니다. 그러니 어느 누가 찬탄 받아 마땅한 이분에게 찬탄을 올리지 않겠습니까?[5]

마트리체타의 찬가도 마찬가지로 붓다를 향한 깊은 헌신과 그의 덕성에 대한 찬탄의 표현임은 의심할 나위가 없다. 그러나 그 찬가를 쓴 작가의 동기와는 별개로, 그 가치와 붓다에 대한 찬가라는 목적은 이중적이다. 첫째로 그것은 우리의 믿음을 일깨운다는 점이다.

마트리체타는, 세존 자신이 그러했듯이, 믿음은 엄청난 양의 긍정적인 열정과 에너지를 불러일으키는 힘을 가지고 있음을 인식하였다. 오래전에 우리는 그것을 직접 경험하였다. 믿음은 우리의 눈을 목표에 확고하게 고정시킨다. 우리가 비틀거리다 넘어질 때 믿음은 우리를 마중 나온다. 의심이 우리를 주저하게 할 때 믿음은 우리를 계속 채찍질하며, 우리가 길에서 벗어나면 그것은 깨달음의 길로 돌아오게 한다. 붓다와 그의 다르마가 갖는 효과(가피)에 대한 믿음이 없다면 우리는 애써 그 가르침을 실천에 옮기려고 하지 않을 것이다. 나가르주나

인도불교사(*Taranatha's History of Buddhism in India*)』(캘커타, 1980), 제18장.

5 『맛지마 니까야Majjhima Nikāya』, II: 387.

(Nagarjuna, 龍樹)가 다음과 같이 말한 것처럼.

> 사람은 믿음으로 말미암아 다르마와 연합한다. 그러나 사람은 이해로부터 진정으로 알게 된다. 즉 이해는 그 둘 중에서 우두머리이지만 믿음은 이해에 선행한다.[6]

붓다의 덕성은 그 자체만으로 존경받을 만한 가치가 있지만, 그 덕성이 마트리체타의 시와 같이 그렇게 충만히, 그렇게 아름답게 묘사될 때 그럴 때만이 우리의 믿음은 강건해지고 성장할 수 있다.

이 찬가의 또 다른 목적은 우리로 하여금 행동에 옮기도록 채찍질한다는 점이다. 마트리체타는 우리가 누군가에 대해 깊이 찬탄할 때, 자연스럽게 그를 본받으려 애쓴다는 것을 알고 있기에 붓다의 온화함, 관대함, 인내심, 그리고 그의 다른 덕성을 조명한다. 우리가 붓다를 우리의 모델로 만들고 본보기 삼아 따르도록 충분히 감화를 받았으면 하는 희망에서 그가 시인으로서의 재능을 최대한 사용했음이 느껴진다. 붓다가 누구에게나 예외 없이 우정의 손을 내밀었다는 문구를 읽을 때, 우리는 우리도 똑같이 노력해야 한다고 느낀다. 붓다가 원망과 역경을 불평 없이 인내했음을 상기하는 순간, 우리는 조금은 더 참을 수 있는 힘을 발견하게 된다. 우리를 의기소침하게 만드는 우리의 불완전함에 대해 깊이 생각할 때, 붓다의 성취를 상기시키는 것보다 더 우리를 새로운 결의와 활기로 채울 수 있는 것은 없다. 그 받아들이는 마음이 찬탄을 행동으로 전환시킬 것이다.

---

6 『라트나발리Ratnavālī』 5. (역자주: 라트나발리는 『고귀한 화환(寶鬘論)』, 『보행왕정론 寶行王正論』 등으로 번역된다.)

이 찬가는 그뿐만 아니라 또 하나의 가치, 즉 명상을 돕는 보조수단의 의미를 가질 수도 있다. 마음집중 명상에서 생각들은 고요해지고, 마음챙김(念 sati)[7] 명상에서 생각들은 대상에 초연하여 관찰되지만, 아누사띠(ānussati 隋念)[8] 명상에서는 생각들이 특정한 주제로 향해져 세밀하게 숙고된다. 붓다께서 말씀하신다.

> 비구들이여, 비구가 무엇을 숙고하든지, 무엇을 생각하든지, 종종 마음은 결과적으로 배움을 얻는다.[9]

그리고 이 말씀은 참으로 진실하다. 우리의 마음 안에 뚜렷하게 남아 있는 어떤 형태의 생각은 우리의 인격이나 행동에 영향을 미칠 것이다. 의식해서 의도적으로 긍정적인 생각을 하면 언젠가는 그러한 생각이 상당히 자연스럽게 일어날 것이고, 그 생각으로부터 그러한 긍정적인 생각과 연관된 행동이 솟아날 것이다. 붓다누사띠(Buddhā-nussati, 佛隨念: 부처님을 계속해서 생각함)[10] 수행에서는 조용히 앉아서

---

7 역자주: Rhys Davids(리스 데이비스, 1843~1992)는 『불교경전(*Buddhist Suttas*)』(Clarnedon Press, 1881년)에서 다음과 같이 설명한다. "사띠는 문자적으로는 '기억'이지만, 끊임없이 반복되는 문구로 '기억(mindful)과 사유(thoughtful)'(sato sampan-gano)에 준거하여 사용되며, 불자들에게 매우 빈번히 반복해서 가르쳐지는 의무 중의 하나인 마음의 활동과 마음의 지속적 현존을 의미한다."

8 역자주: 아누사띠(隋念)는 반복적으로 기억, 회상함을 뜻하는데, 『아비달마구사론』에서는 부처, 다르마, 승가, 계율, 평온, 천신에 대한 여섯 가지 아누사띠 명상을 제시하고 있다.

9 『맛지마 니까야Majjhima Nikāya』, II: 115.

10 역자주: 세존께서 "성스러운 제자들이 세존에게 대하여 이와 같은 모양(想)으로써 모든 부처님을 따라 염하는 것이니, 즉 '세존은 곧 여래이고 아라한이며, 나아가 부처님이

마음을 받아들이는 상태로 붓다의 수많은 행동과 덕성을 생각한다. 시간이 지나면서 두 가지 중요한 기능(根, indriya)[11]인 믿음과 봉헌심이 힘(力, bala)을 얻기 시작하고, 그래서 우리의 수행에 에너지가 더해지고 심지어 열정까지도 더해진다. 이러한 명상을 하는 사람은 보통 그들의 생각을 안내하는 것을 돕기 위해 이처럼 그분(Iti′pi so)을 칭송하는 정형구[12]를 독송하거나 염송한다. 그러나 그들은 이 신앙적 문구와 함께 『찬불송』에서 발췌한 것을 읽거나, 또는 때로는 그것을 대체하여 사용하면 그 결과가 매우 긍정적임을 알 수도 있을 것이다.

D.R.샤클레톤-베일리Shackleton-Bailey는 『찬불송』의 전문을 영역했고, 에드워드 콘즈Edward Conze는 부분적으로 번역하였다.[13] 이 두

고 박가범薄伽梵이다'고 하느니라"고 하신 것과 같다. 그 성스러운 제자들이 이와 같은 모양으로써 모든 부처님을 따라 염할 때에 소견이 근본이 되어 증득한 지혜와 상응하여 염念하고 계속해서 염하며(隨念), 따로따로 염하고(別念), 기억하며(憶念), 염하는 덕성과 계속해서 염하는 덕성과 따로따로 염하는 덕성과 잊지 않는 덕성(不忘性)과 잊지 않는 법의 덕성(不忘法性)과 마음에 분명하게 기억하는 덕성(明記性)이니, 이것을 불수념佛隨念이라 한다. (『아비달마구사론』)

11 역자주: 『청정도론』에서는 기능의 뜻으로 5가지를 들고 있다. 즉 ①지배자의 표식, ②지배자에 의해 설해짐, ③지배자에 의해서 보여짐, ④지배자에 의해서 준비됨, ⑤지배자에 의해 경험됨.

12 역자주: 붓다누사띠에 대한 정형구는 다음과 같다. "이처럼 그분(Iti'pi so) 세존께선 바로 아라한(應供)이시며, 완전히 깨달으신 분(正等覺者 또는 正遍知)이시며, 지혜와 실천을 구족하신 분(明行足)이시며, 피안으로 잘 가신 분(善逝)이시며, 세상을 잘 알고 계신 분(世間解)이시며, 가장 높으신 분(無上士)이시며, 사람을 잘 길들이는 분(調御丈夫)이시며, 천신과 인간의 스승(天人師)이시며, 깨달으신 분, 세존이시다." 상세 내용은 부록 II 참조.

13 에드워드 콘즈Edward Conze, 『불교 원전 역사(*Buddhist Texts Through the Ages*)』(뉴욕, 1954).

번역 모두 어구에 충실하고 학문적이긴 하지만, 독자(불자)를 고무시키고 향상시키는, 이 작품에 담긴 정신과 작자가 이를 쓰게 된 의도에 대해서는 충분히 신경을 쓰지 않고 있다.

이 두 번역을 다시 작업하고 이따금 나의 도반 히폴라 빠냐키티Hippola Pannakithi 스님의 도움으로 산스크리트어 원전을 언급할 수 있게 됨으로써, 나는 이 아름답고 중요한 작품에 대해 보다 대중적으로 읽기 쉬운 번역본을 만들려고 시도했다. 이 찬가의 학술적 판본에 흥미 있는 사람들은 언어에 대한 방대한 주석, 필사본의 변천, 그리고 원문의 어려움을 담은 샤클레톤-베일리Shackleton-Bailey의 번역본을 읽어보기를 권한다.

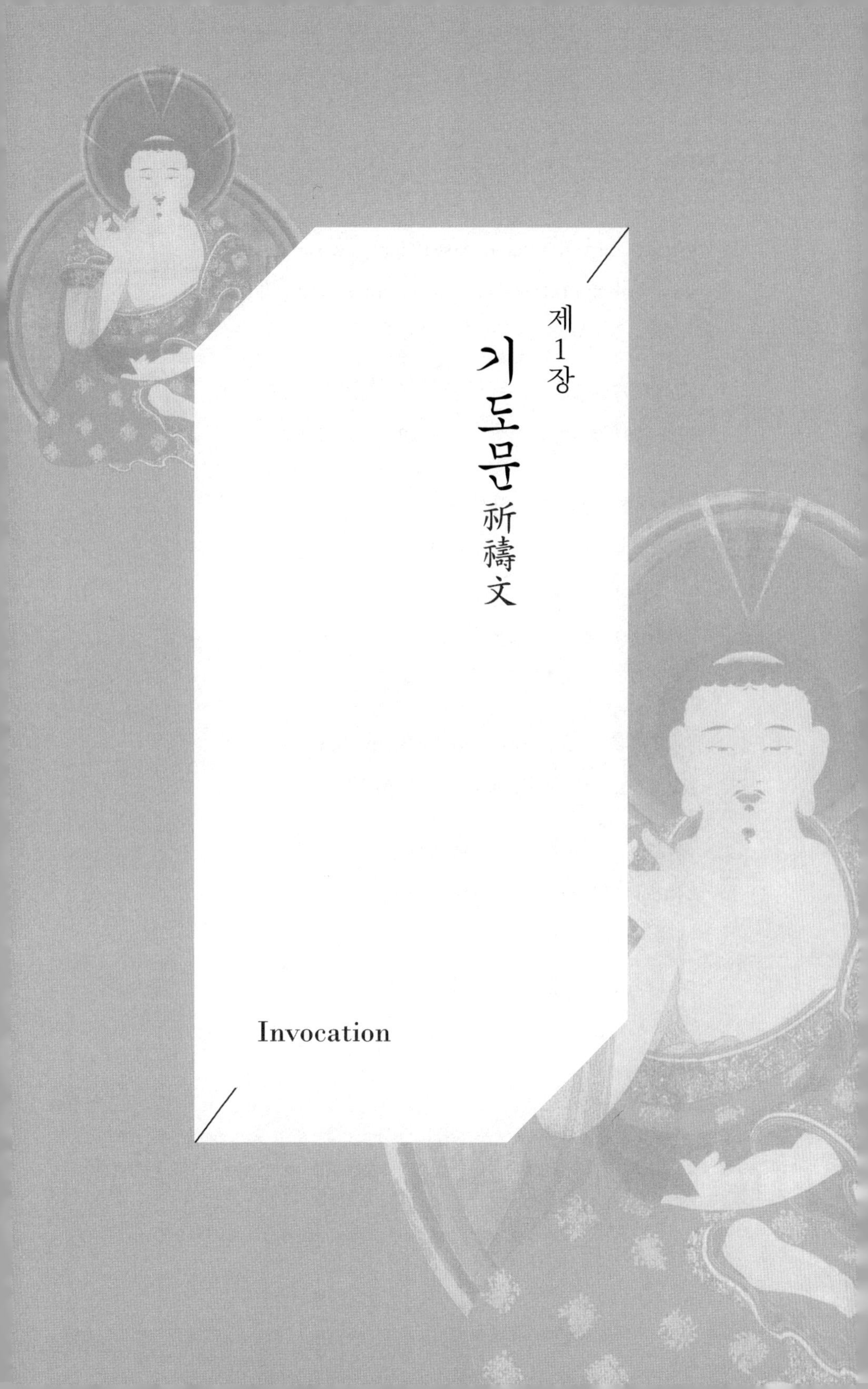

제 1 장

기도문 祈禱文

Invocation

제1송

sarvadā sarvathā sarve yasya doṣā na santi ha |
sarve sarvābhisāreṇa yatra cāvasthitā guṇāḥ ||

世尊最殊勝세존최수승　　善斷諸惑種선단제혹종
無量勝功德무량수공덕　　總集如來身총집여래신

세존께선 가장 수승하셔라.
모든 미혹의 종자 잘 끊으시니
한량없이 수승하신 공덕
여래의 몸에 모두 모여 있네.

No faults in any way are found in him:
All virtues in every way dwell in him.

아무리 살펴보아도 그분에게서는
어떠한 허물(악덕)도 찾을 수 없습니다.
세상의 모든 공덕(guṇā)[14]이
여래의 몸에 다 머물러 있습니다.

---

14 『일백오십찬불송』에서는 부처님의 덕(virtue)을 공덕(功德, guṇā), 덕상(德相, lakṣaṇa), 복덕·선(福德·善, puṇya), 도덕·계문(道德·戒門, śīla) 등으로 다양하게 표현하고 있다.

제2송

tam eva śaraṇaṃ gantuṃ taṃ stotuṃ tam upāsitum |
tasyaiva śāsane sthātuṃ nyāyyaṃ yady asti cetanā ||

唯佛可歸依유불가귀의　可讚可承事가찬가승사
如理思惟者여리사유자　宜應住此教의응주차교

오직 부처님께 귀의하며
찬탄하고 받들어 섬길 것이니
이치에 맞게 사유하는 자
마땅히 이 가르침에 머물지어다.

To go to him for refuge, to sing his praise,
to do him honour and to abide in his Dharma
is proper for one with understanding.

부처님께 귀의하며 부처님의 공덕을 찬송합니다.
부처님께 예경하며 부처님의 다르마(法)를 따르렵니다.
이 모두는 이치대로 사유하는 자라면
마땅히 행해야 하는 것입니다.

제3송

savāsanāś ca te doṣā na santy ekasya tāyinaḥ ǀ
sarve sarvavidaḥ santi guṇās te cānapāyinaḥ ǀǀ

諸惡煩惱習제악번뇌습　護世者已除호세자이제
福智二俱圓복지이구원　唯尊不退沒유존불퇴몰

모든 악과 번뇌의 습기
세상을 보호하시는 분께서는 이미 멸하셨네.
복덕과 지혜 원만히 구족하시니
오직 세존만이 퇴전함이 없으셔라.

The only Protector,
his faults are gone without residue.
The All-knowing One,
his virtues are present without fail.

세상의 유일한 보호자이시여
당신의 허물은 남김없이 사라졌습니다.
모든 것을 아시는 이여,
당신께선 일체공덕 구비하시니
하실 수 없는 일이란 없습니다.

제4송

na hi pratinivişṭo 'pi manovākkāyakarmasu ।
saha dharmeṇa labhate kaś cid bhagavato 'ntaram ॥

縱生惡見者종생악견자　於尊起嫌恨어존기혐한
伺求身語業사구신어업　無能得瑕隙무능득하극

멋대로 악견 내는 사람들
세존께 원망의 마음 품고서
말과 행동을 이리저리 살펴보지만
조그만 틈도 찾을 수 없네.

Even the most spiteful man
cannot with justice find fault
in the thoughts, words or deeds of the Lord.

제아무리 악독한 사람일지라도
공정한 마음으로 살핀다면
세존의 생각과 말씀과 행동에서
어떤 허물도 찾을 수 없습니다.

제5송

so 'haṃ prāpya manuṣyatvaṃ sasaddharmamahotsavam ǀ
mahārṇavayugacchidrakūrmagrīvārpaṇopamam ǀǀ

記我得人身기아득인신　聞法生歡喜문법생환희
譬如巨海內비여거해내　盲龜遇楂穴맹구우사혈

생각건대 내가 사람 몸을 얻어
법문 듣고 환희심 내는 일
마치 큰 바닷속 눈먼 거북이가
뗏목 구멍을 만난 것과 같아라.

To be born human and encounter the great joy
of the good Dharma is a chance rarer than
a turtle thrusting its neck through a yoke
floating freely in the great ocean.

사람으로 태어나
착한 법 만나 크게 기뻐할 기회는
거북이가 큰 바다에 떠다니는 멍에에
그 목을 밀어 넣는 것보다 희유합니다.

제6송

anityatāvyanusṛtāṃ karmacchidrasasaṃśayām ǀ
āttasārāṃ kariṣyāmi kathaṃ nemāṃ sarasvatīm ǀǀ

忘念恒隨逐망념항수축　惑業墮深坑혹업타심갱
故我以言詞고아이언사　歎佛實功德탄불실공덕

망념이 항상 따라다니며
혹업[15]의 깊은 구덩이에 빠지게 하네.
그러므로 저는 말과 노래로써
부처님의 진실한 공덕 찬탄합니다.

So how could I not put voice to good use now,
for it is impermanent and may soon be liable to change.

세상의 모든 것은 덧없고
모든 사물 곧 변하기 쉬우니
그렇다면 제가 이제 어찌 좋은 말을
잘 사용하여 찬탄하지 않을 수 있겠습니까?

15 혹惑은 탐貪·진瞋·치癡 등의 번뇌, 업業은 혹으로 인하여 짓게 되는 선악의 행위를 말한다.

제7송

ity asaṃkhyeyaviṣayān avetyāpi guṇān muneḥ |
tadekadeśapraṇayaḥ kriyate svārthagauravāt ||

牟尼無量境모니무량경　聖德無邊際성덕무변제
爲求自利故위구자리고　我今讚少分아금찬소분

고요한 성자, 그 경지 무량하시고
거룩하신 덕, 끝없이 넓으셔라.
저 자신의 이로움을 위하여
제가 이제 조금이나마 찬탄하렵니다.

Though I know that the Sage's virtues
are beyond all human calculation,
still I will recount a portion of them,
if only for my own delight.

비록 제가 성자의 덕이
모든 인간의 헤아림 너머 있음을 알지만
오직 저 자신의 행복(svārtha, 自利)[16]을 위해서라도
더더욱 그 덕의 일부나마 이야기하고자 합니다.

16 svārtha는 자기 자신의 목적 또는 이익과 행복을 위한다는 의미로, 자신을 이롭게 한다는 自利와 뜻이 통한다.

제8송

svayaṃbhuve namas te 'stu prabhūtādbhutakarmaṇe |
yasya saṃkhyāprabhāvābhyāṃ na guṇeṣv asti niścayaḥ ||

敬禮無師智경례무사지　　希有衆事性희유중사성
福慧及威光복혜급위광　　誰能知數量수능지수량

스승 없이 지혜를 깨달으신 분께 예경하네.
온갖 선행과 공덕의 성품 희유하여라.
복덕과 지혜, 위엄과 광명
누가 능히 헤아려 알 수 있으랴.

Homage to you, O Self-developed One
whose good works are many and wondrous,
whose virtues are too numerous and awesome to define.

오, 스스로 깨달은 분인 여래께 귀의합니다.
수없이 많은 여래의 선행은 경이로우며
너무나 많은 여래의 공덕은 사람을 경외케 하나니
그 어떤 말로도 표현할 수 없습니다.

제9송

iyanta iti nāsty anta īdṛśā iti kā kathā |
puṇyā ity eva tu guṇān prati te mukharā vayam ||

如來德無限여래덕무한　無等無能說무등무능설
我今求福利아금구복리　假讚以名言가찬이명언

여래의 무한하신 그 공덕
견줄 수도 말할 수도 없지만
제가 이제 복과 이익 구하고자
훌륭한 말을 빌려 찬탄합니다.

Their number? They are infinite.
Their nature? Words must fail.
But to speak of them bestows great good,
so I shall speak much.

여래의 공덕, 그 수량은 얼마인지 셀 수 없고
여래의 덕성, 말하려 하나 말할 수 없습니다.
그 공덕을 노래[17]하면 큰 이익이 되므로
더더욱 저는 많이 노래하렵니다.

17 영문은 speak로 되어 있지만, 범어 원문(kathā)에 따라 노래로 번역하였다.

제2장

인행을 찬탄함 [讚因行]

In Praise of Causes

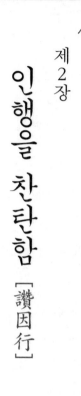

제10송

viṣahyam aviṣahyaṃ vety avadhūya vicāraṇām ।
svayam abhyupapannaṃ te nirākrandam idaṃ jagat ॥

我智力微淺아지력미천　佛德無崖際불덕무애제
唯願大慈悲유원대자비　拯我無歸處증아무귀처

제가 지닌 지혜의 힘 미천하지만
부처님의 공덕은 끝이 없어라.
오직 바라건대 여래의 대자비로
돌아갈 곳 없는 저를 건져 주소서.

Having brushed aside doubts
about whether or not it could be done,
of your own free will you took
this helpless world under your protection.

할 수 있을지 없을지
의심을 털어 없애오니
여래의 뜻대로 이 삭막한 세상
보호하고 지켜 주옵소서.

제11송

avyāpāritasādhus tvaṃ tvam akāraṇavatsalaḥ ।
asaṃstutasakhaś ca tvam anavaskṛtabāndhavaḥ ॥

怨親悉平等원친실평등　無緣起大悲무연기대비
普於衆生界보어중생계　恒作眞善友항작진선우

원수든 친구든 평등하게 대하시고
인연이 없어도 대비심 일으키시어
중생들 있는 곳 두루 어디라도
늘 진실하고 선한 벗 되어 주시네.

You were kind without being asked,
you were loving without reason,
you were a friend to the stranger
and a kinsman to those without kin.

도움을 청하지 않아도 친절 베푸시고
아무런 조건 없이 중생을 사랑하십니다.
낯선 이에게 벗이 되어 주시고
피붙이 없는 이에게 친척이 되어 주십니다.

제12송

svamāṃsāny api dattāni vastuṣv anyeṣu kā kathā ।
prāṇair api tvayā sādho mānitaḥ praṇayī janaḥ ।।

肉身尚能捨육신상능사　何況於外財하황어외재
尊無吝惜心존무린석심　求者滿其願구자만기원

육신까지도 버리시는데
하물며 그 밖의 재물이랴.
세존께선 아낌없는 마음으로
구하는 자 그 소원 채워 주시네.

You gave even your own flesh
not to mention your wealth and possessions.
Even your own life's breath, O Kindly One,
you gave to those who wished for it.

부처님은 당신의 육신조차 보시하셨나니
재산과 소유물은 말해 무엇 하겠습니까!
오, 자애로운 분이시여, 중생이 원하는 대로
당신은 목숨까지 내어 주셨습니다.[18]

18 이 게송과 13, 17, 18게송은 『본생담(Jātaka)』에서 묘사하듯이, 부처님께서 당신의 전생에서 자신의 생명을 희생하신 것을 참조할 것.

제13송

svaiḥ śarīraiḥ śarīrāṇi prāṇaiḥ prāṇāḥ śarīriṇām |
jighāṃsubhir upāttānāṃ krītāni śataśas tvayā ||

以身護彼身이신호피신 以命贖他命이명속타명
全軀救一鴿전구구일합 歡喜無慳吝환희무간린

몸으로 남의 몸 보호하시고
목숨으로 남의 목숨 대속하셨네.
온몸으로 한 마리 비둘기 구하시매
기뻐할 뿐 아까워하는 마음 없으셨네.

A hundred times you ransomed your own body and life
for the bodies and lives of living beings
in the grip of their would-be slayers.

중생의 생명이 살해자에게 위협받을 때
중생의 몸과 생명을 구하기 위해서
여래의 몸과 생명을 내어 주셨나니
일백 번이라도 이와 같이 하셨습니다.

제14송

na durgatibhayān neṣṭām abhiprārthayatā gatim |
kevalāśayaśuddhyaiva śīlaṃ sātmīkṛtaṃ tvayā ||

尊不畏惡道존불외악도　　亦不貪善趣역불탐선취
但爲心澄潔단위심징결　　尸羅由此成시라유차성

세존께선 악도[19]에 떨어짐도 두려워 않으시고
또한 선취[20]에 태어남도 탐하지 않으시며
오직 마음만을 맑고 깨끗하게 닦으셨나니
계문(戒門, śīla)이 이로 말미암아 이루어졌네.

It was not fear of hell or desire for heaven
but utter purity of heart
that made you practise the good.

부처님께서 선善을 닦으신 것은
오로지 완전한 청정심을 위해서일 뿐
지옥을 두려워해서도
천상에 태어나길 바라서도 아닙니다.

19 악도(惡道, durgati)는 악한 일을 많이 저지른 자가 장차 태어나게 될 나쁜 세계인 지옥·축생·아귀를 말하며, 악취惡趣라고도 한다.

20 선취善趣는 선업을 쌓으면 장차 태어나는 인간·천상·아수라를 말한다.

제15송

jihmānāṃ nityavikṣepād ṛjūnāṃ nityasevanāt ।
karmaṇāṃ pariśudhānāṃ tvam ekāyanatāṃ gataḥ ॥

常離諸邪曲상리제사곡　恒親質直者항친질직자
諸業本性空제업본성공　唯居第一義유거제일의

모든 삿되고 왜곡된 것 항상 여의시고
진실하고 바른 것 항상 가까이하시나
모든 업의 자성이 본래 공하여[21]
오직 제일의제[22]에 머물러 계시네.

By always avoiding the crooked
and adhering to the straight,
you became the highest receptacle for purity.

항상 비뚤어진 것을 여의시고
마음에 올바른 것을 지키시되
당신께선 청정함을 위한
가장 최고의 그릇(저장소)이 되셨습니다.

---

21 『대지도론』에 "자성이 공함(性空)이란 모든 법의 자성은 항상 공하지만 임시의 업(假業)이 상속하는 까닭에 마치 공하지 않아 보인다"라고 나온다.

22 제일의제第一義諦는 세속을 초월한 열반, 진여, 중도, 실상 등의 절대적 진리.

제16송

pīḍyamānena bahuśas tvayā kalyāṇacetasā ǀ
kleśeṣu vivṛtaṃ tejo janaḥ kliṣṭo 'nukampitaḥ ǀǀ

衆苦逼其身중고핍기신　　尊能善安慮존능선안려
正智斷諸惑정지단제혹　　有過悉興悲유과실흥비

온갖 고통이 그 몸을 핍박해도
세존께선 평안히 잘 사려(思慮, cetasā)할 수 있으시니
바른 지혜로 모든 미혹 끊어버리시고
허물 있는 이에게도 연민 일으키시네.

When attacked you used your fiery power
against the defilements, but in your noble heart
felt only sympathy for those who were defiled.

고난이 닥쳤을 땐 불같이 강열한 힘으로
일체의 번뇌를 쳐서 무찌르시지만
여래의 고결한 마음속엔
오직 번뇌로 핍박받는 중생을 위해
연민하는 마음뿐이옵니다.

제17송

parārthe tyajataḥ prāṇān yā prītir abhavat tava |
na sā naṣṭopalabdheṣu prāṇeṣu prāṇināṃ bhavet ||

殉命濟他難순명제타난　生無量歡喜생무량환희
如死忽重蘇여사홀중소　此喜過於彼차희과어피

목숨 바쳐 남의 고난 구제하시고
한량없는 환희심 내시나니
죽었다 문득 다시 살아난다 해도
앞의 기쁨이 뒤의 기쁨 넘어서네.

The joy beings feel on saving their lives
equals not the joy you experienced
when you gave your life for others.

당신께서 남을 위해 목숨 바쳤을 때
경험하신 그 기쁨에
생명을 구조 받아 중생이 느끼는 기쁨을
어찌 견줄 수 있겠습니까!

제18송

yad rujānirapekṣasya cchidyamānasya te 'sakṛt |
vadhakeṣv api sattveṣv kāruṇyam abhavat prabho ||

怨對害其身원대해기신　一切時恒惱일체시항뇌
不觀其過惡불관기과악　常起大悲心상기대비심

원수들이 그 몸을 해치고
어느 때나 쉬지 않고 괴롭혀도
그 허물과 죄악 보지 않으시고
언제나 대비심 일으키시네.

No matter how often murderers cut you to pieces,
regardless of the pain
you felt only compassion for them.

살인자들이 아무리 당신을 짓밟을지라도
그 고통에 상관 않으시고
부처님은 그들을 위해
오직 연민만을 느끼십니다.

제19송

samyaksaṃbodhibījasya cittaratnasya tasya te ।
tvam eva vīra sārajño dūre tasyetaro janaḥ ॥

正遍菩提種정편보리종 心恒所珍玩심항소진완
大雄難勝智대웅난승지 無有能及者무유능급자

바르고 두루한 보리의 종자
마음으로 항상 진귀하게 여기시니
크신 영웅의 이기기 어려운 지혜
그 누구도 미칠 수 없어라.

That seed of perfect enlightenment,
that jewel-like mind of yours,
only you, Great Hero, know its essence.
Others are far from understanding it.

완전한 깨달음의 씨앗
당신 마음의 보석처럼 여기시나니
위대한 영웅이신 오직 여래만이 그 깊은 뜻 아실 뿐
다른 이들은 이를 이해하기 어렵습니다.

제20송

nākṛtvā duṣkaraṃ karma durlabham labhyate padam |
ity ātmanirapekṣeṇa vīryaṃ saṃvardhitaṃ tvayā ||

無等菩提果무등보리과　　苦行是其因고행시기인
由此不顧身유차불고신　　勤修諸勝品근수제승품

견줄 수 없는 보리의 과보
고행이야말로 그것의 원인이라.
이런 까닭에 몸을 돌아보지 않으시고
여러 수승한 도품道品[23] 부지런히 닦으셨네.

"Nirvana is not won without perseverance":
thinking thus you roused great energy
without a thought for yourself.

'열반은 불굴의 인내 없이 얻을 수 없다'
부처님은 이렇게 생각하시고
한순간도 자신을 돌보지 않으시고
엄청난 힘을 기울여 정진하셨네.

23 도품道品은 깨달음에 도달하기 위해 실천하는 방법으로, 37조도품이 대표적이다.

제21송

viśeṣotkarṣaniyamo na kadā cid abhūt tava |
atas tvayi viśeṣāṇāṃ chinnas taratamakramaḥ ||

豪貴與貧賤호귀여빈천　　等引以大悲등인이대비
於諸差別中어제차별중　　而無高下想이무고하상

부유하고 귀한 자나, 가난하고 천한 자나
평등하게 대자비로 이끄시나니
이 세상의 온갖 차별 가운데서
높고 낮다는 생각 내지 않으시네.

Your progress towards excellence never faltered
and now you have attained
the state that cannot be bettered.

최상선最上善을 향해 한 걸음씩
결코 흔들리지 않고 정진하시어
부처님은 이제
가장 수승한 경지에 도달하셨네.[24]

24 고하상(高下想, taratama-kra)은 ① 한 걸음씩 높은 경지에 도달하는 것, ② 높고 낮다는 차별 관념의 두 가지 의미를 동시에 가지고 있는데, 영역본은 ①의 의미로, 한역본은 ②의 의미로 각각 번역하였다.

제22송

susukheṣv api saṅgo 'bhūt saphaleṣu samādhiṣu ।
na te nityānubaddhasya mahākaruṇayā hṛdi ॥

勝樂等持果승락등지과　　心無有貪著심무유탐착
普濟諸群生보제제군생　　大悲無間斷대비무간단

뛰어나게 즐거운 등지等持[25]의 과보
마음에 어떠한 탐착도 없으시며
여러 중생을 두루 구제하시고
대비심을 끊임없이 일으키시네.

But you did not practise in order to experience
the pleasant and fruitful results of meditation.
Always in your heart the motive was compassion.

그러나 부처님은 삼매의 즐겁고 풍성한 과보를
경험하기 위해 수행하신 것이 아니라
항상 마음속에 큰 연민(mahākaruṇa)을
동기로 삼아 수행하셨습니다.

25 등지等持란 삼매(samādhi)의 다른 말로 정신의 혼미함과 마음의 산란함이 없으므로 등等이라 하고, 마음을 한 경계(境)에 머무르게 하므로 지持라 한다.

제23송

tvādṛśān pīḍayaty eva nānugṛhṇāti tat sukham ।
praṇītam api sadvṛtta yad asādhāraṇaṃ paraiḥ ॥

尊雖遭極苦존수조극고　於樂不悕求어락불희구
妙智諸功德묘지제공덕　殊勝無能共수승무능공

세존께선 극심한 고난 만날지라도
즐거움을 바라고 구하지 않으시니
미묘하신 지혜와 여러 공덕
그 수승하심 능히 함께할 이 없네.

For the happiness which, though sublime,
cannot be shared with others,
pains rather than pleases
those like you, O Righteous One.

비록 삼매의 행복이 수승할지라도
다른 사람과 함께 누릴 수 없기에
오, 정의로운 분이시여, 당신께서는
이를 즐거워하기보다는 고통 속에 아파하십니다.

제24송

vimiśrāt sāram ādattaṃ sarvaṃ pītam akalmaṣam |
tvayā sūktaṃ duruktaṃ tu viṣavat parivarjitam ||

染淨諸雜法염정제잡법　簡僞取其眞간위취기진
如淸淨鵝王여청정아왕　飮乳棄其水음유기기수

더럽고 깨끗한 것 뒤섞인 모든 법에서
거짓됨 가려내고 그 진실함 취하심이
마치 청정한 거위의 왕이
우유만 마시고 나머지 물은 버림과 같네.[26]

You imbibed good speech,
bad speech you shunned like poison,
from mixed speech you extracted what was sweet.

부처님은 좋은 말만 받아들이시고
나쁜 말은 치명적인 독처럼 꺼려하시어
좋은 말과 나쁜 말이 뒤섞인 것 가운데
감로의 말씀만을 골라내시네.

26 『임제록』의 다음 구절 참조. "하나의 부처와 마귀가 있어 같은 몸으로 나눌 수 없음이, 마치 물과 우유가 합쳐져 있는 것과 같다. 거위의 왕은 우유만 마신다."

제25송

krīṇatā ratnasārajña prāṇair api subhāṣitam |
parākrāntaṃ tvayā bodhau tāsu tāsūpapattiṣu ||

於無量億劫어무량억겁　勇猛趣菩提용맹취보리
於彼生生中어피생생중　喪身求妙法상신구묘법

헤아릴 수 없는 억겁의 세월
용맹하게 보리도 향해 나아가시며
무수한 생을 거듭하는 가운데
목숨 바쳐 묘법을 구하셨네.

Purchasing words of wisdom even with your own life,
in birth after birth, O Knower of Gems,
you were zealous for enlightenment.

수없이 거듭 태어나시면서
당신 목숨을 바쳐서라도 지혜의 말씀을 얻으셨으니
오, 보배의 진수를 아는 분이시여!
당신은 깨달음을 위해 정진하셨습니다.

제26송

iti tribhir asaṃkhyeyair evam udyacchatā tvayā |
vyavasāyadvitīyena prāptaṃ padam anuttaram ||

三僧祇數量삼승지수량　精勤無懈惓정근무해권
持此爲勝伴지차위승반　以證妙菩提이증묘보리

삼아승지 무량겁 세월 동안
게으름 피움 없이 정근하시며
이를 견지함을 수승한 도반 삼아
미묘한 보리도를 증득하셨네.

Thus striving through the three incalculable aeons
accompanied only by your resolution,
you gained the highest state.

삼아승지 겁의 세월을 분투노력하시면서
오직 결연한 의지를 동반자 삼아
부처님은 위없는 경지를 증득하셨습니다.[27]

27 보살은 원만한 깨달음을 성취하는 데 적어도 삼아승지겁이 걸린다고 말한다.

제3장

견줄 수 없음을 찬탄함 [讚無比頌]

In Praise of Incomparability

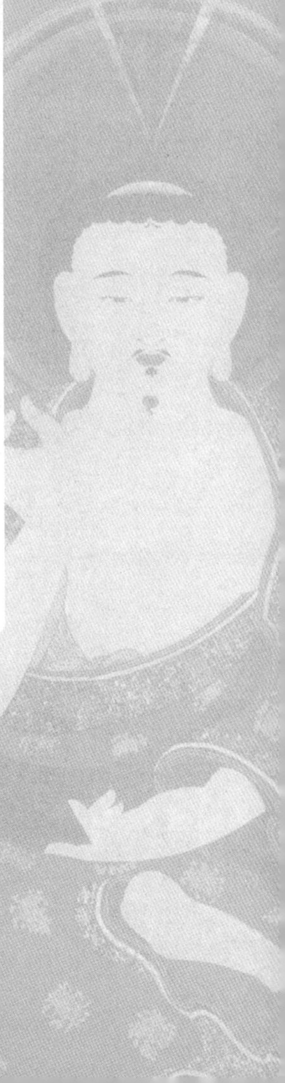

제27송

akṛtverṣyāṃ viśiṣṭeṣu hīnān anavamatya ca |
agatvā sadṛśaiḥ spardhāṃ tvaṃ loke śreṣṭhatāṃ gataḥ ||

尊無嫉妬心존무질구심　於劣除輕想어렬제경상
平等無乖諍평등무괴쟁　勝行悉圓成승행실원성

세존께선 질투하는 마음 없으시고
못난 자 얕잡아 보지 않으시며
평등하게 대하고 다툼이 없으시어
수승한 행 모두 원만히 이루셨네.

By not envying the superior,
despising the inferior,
or competing with equals,
you attained pre-eminence in the world.

뛰어난 자 부러워하지 않으시고
열등한 자 얕보지 않으시며
동등한 자와 다투지 않으시고
부처님은 세상에서 최상승을 이루셨습니다.

제28송

hetuṣv abhiniveśo 'bhūd guṇānāṃ na phaleṣu te |
tena samyakpratipadā tvayi niṣṭhāṃ guṇā gatāḥ ||

尊唯重因行존유중인행　　非求果位圓비구과위원
遍修諸勝業편수제승업　　衆德自成滿중덕자성만

세존께선 오직 인행을 중히 여기시고
과위의 원만함을 구하지 않으시며
여러 수승한 업 두루 닦으셔서
온갖 공덕 스스로 원만히 이루셨네.

You were devoted to virtues for their own sake,
not for the rewards that come from them,
and thus due to your right progress
they have all come to completion within you.

보답을 받기 위해 덕을 짓는 것이 아니라
덕 자체를 위해 모든 덕에 헌신하셨으며
부처님은 올바르게 정진하셨기 때문에
모든 덕은 당신 안에서 성취되었습니다.

제29송

tathātmā pracayaṃ nītas tvayā sucaritair yathā ।
puṇyāyatanatāṃ prāptāny api pādarajāṃsi te ॥

勤修出離法근수출리법　超昇衆行頂초승중행정
坐臥經行處좌와경행처　無非勝福田무비승복전

세간을 벗어나는 법 부지런히 닦아
온갖 행의 정상에 오르셨으니
앉고 눕고 경행하시는 곳마다
수승한 복덕의 밭 아님이 없어라.

So much good have you gathered by your deeds
that even the dust on your feet
has become a source of merit.

부처님은 행동으로
너무나도 많은 선업을 쌓으셨기에
당신 발 위의 먼지조차도
복덕의 원천이 되었습니다.

제30송

karśayitvoddhṛtā doṣā vardhayitvā viśodhitāḥ |
guṇās tena sunītena parāṃ siddhiṃ tvam adhyagāḥ ||

拔除衆過染발제중과염　增長清淨德증장청정덕
斯由積行成사유적행성　唯尊最無上유존최무상

갖가지 허물을 뽑아 없애시고
청정한 선근공덕 증장시키시며
이렇게 수행을 계속 쌓아나가셨기에
오직 세존만이 최상의 무상도 이루셨네.

You dissolved and uprooted your faults,
you purified and brought to completion your virtues,
and by this wise procedure
you reached the highest attainment.

여래께선 당신의 허물을 녹이고 뿌리 뽑아
청정히 만드시어 여래의 덕을 완성시키셨으니
이러한 지혜의 차제행(단계적인 수행)을 통해서
부처님은 위없는 성취에 이르셨습니다.

제31송

tathā sarvābhisāreṇa doṣeṣu prahṛtaṃ tvayā ।
yathaiṣām ātmasaṃtāne vāsanāpi na śeṣitā ॥

衆福皆圓滿중복개원만 諸過悉蠲除제과실견제
如來淨法身여래정법신 塵習皆已斷진습개이단

갖가지 복덕이 다 원만하시고
여러 허물 모두 제거하셨으니
여래의 청정하온 법신은
번뇌의 습기 다 끊으셨네.

You struck at faults with your might
so that not even their shadow
lingers in the depths of your mind.

부처님께서는 온 힘을 다 쏟아
악덕과 허물(마음의 흐름)[28]을 부수셨으니
당신의 마음 깊은 곳에는
악업의 그림자조차 드리우지 못합니다.

---

28 마음의 흐름(心相續, Ātmasamtāne): 범어 원문을 말 그대로 하면 "자아를 구성하는 (의식의) 흐름"이라 한다. 빨리어로는 찟따산따띠cittasantati이다.

제32송

tathā saṃbhṛtya saṃbhṛtya tvayātmany āhitā guṇāḥ ।
pratirūpakam apy eṣāṃ yathā nānyatra dṛśyate ॥

資糧集更集자량집갱집　功歸調御身공귀조어신
欲求於譬類욕구어비류　無能與佛等무능여불등

수행의 자량[29] 모으고 또 모으시니
그 공덕 부처님의 몸으로 돌아가네.
아무리 여러 비유를 찾아보려 하지만
부처님과 견줄 자 아무도 없어라.

Step by step you nurtured the virtues
and established them in yourself, so that now
not even their likeness is found elsewhere.

부처님은 차례로 덕을 윤택하게 만드시고
덕을 여래의 몸에 확립시키시니
이제 여래의 덕과 견줄 만한 것은
이 세상 어디에도 찾을 수 없습니다.

29 자량은 몸과 마음을 청정하게 하는 양식으로 수행의 힘, 공덕을 말한다.

제33송

upaghātāvaraṇavan mitakālaṃ pradeśi ca ।
sulabhātiśayaṃ sarvam upamāvastu laukikam ॥

遍觀諸世間편관제세간　災橫多障惱재횡다장뇌
縱有少分善종유소분선　易得爲比對이득위비대

온 세상을 두루 관찰해 보니
재앙과 횡액의 장애와 번뇌 많거늘
설사 조그마한 선근 있다 한들
어찌 쉽게 상대할 수 있으리오.

All worldly objects of comparison
can be damaged or obstructed,
limited by time and space, easily acquired.

상대적인 모든 세상의 사물은
모두 시간과 공간의 한계가 있어
쉽게 얻는다 하더라도
결국 손상되거나 방해받을 수 있습니다.

제34송

advaṃdvinām agamyānāṃ dhruvāṇām anivartinām ।
anuttarāṇāṃ kā tarhi guṇānām upamāstu te ॥

遠離諸過患원리제과환　湛然安不動담연안부동
最勝諸善根최승제선근　無能爲譬喩무능위비유

온갖 허물과 근심 멀리 여의고
담연하고 편안해 움직이지 않으시니
가장 수승하신 모든 선근
비유로는 설명할 수 없다네.

How can they be compared with your virtues—
virtues unrivalled, unapproachable,
stable, unceasing, unsurpassed?

여래의 덕은 경쟁 상대가 없고 범접할 수 없으며
안정되고 날로 증장하며 가장 수승하시니
어떻게 여래의 덕을
세상의 그 무엇과 비교할 수 있겠습니까?

제35송

goṣpadottānatāṃ yāti gāmbhīryaṃ lavaṇāmbhasaḥ ।
yadā te buddhigāmbhīryam agādhāpāram īkṣate ॥

如來智深遠여래지심원　無底無邊際무저무변제
世事喩佛身세사유불신　牛跡方大海우적방대해

여래의 지혜 깊고 끝없으며
바닥 없이 깊고 가없으니
세상사를 부처님 몸에 비유한다면
소 발자국 괴인 물을 큰 바다에 견줌일세.

When measured against the unfathomable
and boundless depth of your understanding,
the ocean becomes as if a mere puddle.

여래의 가없는 지혜와 그 깊이를
서로 견주어 헤아린다면
저 끝없이 펼쳐진 큰 바다는
단지 작은 진흙탕 물웅덩이에 불과합니다.

제36송

śirīṣapakṣmāgralaghu sthairyaṃ bhavati pārthivam |
akampye sarvadharmāṇāṃ tvatsthairye 'bhimukhīkṛte ||

深仁荷一切심인하일체　世間無有比세간무유비
大地持重擔대지지중담　喻此實爲輕유차실위경

모든 것을 짊어지는 깊은 인자하심
이 세상에 견줄 것 하나도 없네.
무거운 짐 지탱하고 있는 대지도
이에 비교하면 실로 가벼워라.

When matched with your calm equanimity,
the firmness of the earth
seems like the quivering of a flower petal.

여래의 고요한 평온과
맞추어 본다면
대지의 견고함은
흩날리는 꽃잎처럼 보입니다.

제37송

ajñānatimiraghnasya jñānālokasya te mune |
na ravir viṣaye bhūmiṃ khādyotīm api vindati ||

愚癡闇已除우치암이제　牟尼光普照모니광보조
世智非能譬세지비능비　如螢對日光여형대일광

무명과 어리석음 이미 없애시고
고요한 성자께서 지혜의 광명 두루 비추시네.
세상의 지혜로는 비유할 수 없음이
반딧불로 햇빛을 견줌과 같아라.

Beside the radiance of your wisdom,
which destroys the darkness of ignorance,
the sun does not attain even the brightness of a firefly.

무명의 어둠을 몰아내는
여래의 지혜 광명에 비하면
태양은 반딧불이의 밝기에도 미치지 못합니다.[30]

30 이와 비슷한 표현으로 『무량수경』에서는 다음과 같이 말씀하신다.
"빛나신 얼굴 우뚝하시고/ 위엄과 신통 그지없으시니/ 이처럼 밝고 빛나는 광명/ 뉘라서 감히 견주오리까./ 햇빛과 달빛, 마니구슬 빛/ 맑은 진주 빛 찬란하지만/ 이에 온통 가려져/ 검은 먹이 되고 맙니다."

제38송

malinatvam ivāyānti śaraccandrāmbarāmbhasām |

tava vāgbuddhiceṣṭānāṃ śuddhiṃ prati viśuddhayaḥ ||

如來三業淨여래삼업정　秋月皎空池추월교공지

世潔喩佛身세결유불신　俱成塵濁性구성진탁성

여래의 몸과 말과 뜻의 삼업 청정하시니

가을 달빛, 허공, 연못이어라.

세간의 청정함을 부처님 몸에 비유하면

모두 티끌의 혼탁한 성품과 같네.

The purity of the moon, the sky or a pool in autumn

appears clouded when compared

with the purity of your words, thoughts and deeds.

가을의 달과 하늘 또는 연못이 맑다 한들

여래의 말씀과 생각, 행동의 청정함과 견준다면

이내 구름이 드리우고 맙니다.

제39송

anena sarvaṃ vyākhyātaṃ yat kiṃ cit sādhu laukikam |
dūre hi buddhadharmāṇāṃ lokadharmās tapasvinaḥ ||

如上諸所引여상제소인　世中殊勝事세중수승사
佛法逈超過불법형초과　俗事可哀愍속사가애민

위에서 갖가지로 인용한 것들이
세상에서 뛰어난 일이라지만
불법(dharmāṇāṃ)[31]은 멀리 초월해 있으니
세상사가 딱하고 가련하구나.

I have compared you with all that is admired in the world,
but still how far are those miserable things
from the qualities of a Buddha.

저는 세상에서 찬탄 받는
모든 것을 부처님과 비교해 보았지만
저 보잘 것 없는 것들은 여전히
부처님의 덕성으로부터 너무 머나니
어찌 같이 견줄 수 있겠습니까?

31 dharmāṇām은 제법의 승의勝義, 진여眞如를 뜻하는데, 여기서는 불법을 말한다.

제40송

yasyaiva dharmaratnasya prāptyā prāptas tvam agratām |
tenaiva kevalaṃ sādho sāmyaṃ te tasya ca tvayā ||

聖法珍寶聚성법진보취 佛最居其頂불최거기정
無上無比中무상무비중 唯佛與佛等유불여불등

거룩한 법의 진귀한 보배 무더기
부처님은 그 정상 가장 높이 계시네.
위없고 견줄 이 없는 가운데
오직 부처님과 부처님들만이 평등하시네.

For there is only one thing that resembles you,
O Kindly One, and that is the jewel of the Dharma
through which you attained the highest.

오직 한 가지만 부처님과 동등한 것이 있나니
자애로운 분이시여!
그것은 다르마의 보배(法寶)이니
이를 통해 여래는 위없는 경지를 이루셨습니다.

제41송

ātmecchācchalamātraṃ tu sāmānyopāṃśu kiṃ cana |
yatropakṣipya kathyeta sā vaktur atilolatā ||

如來聖智海여래성지해　隨樂歎少分수락탄소분
鄙詞讚勝德비사찬승덕　對此實多慚대차실다참

여래의 거룩하신 지혜의 바다
즐거움에 끌려 조금이나마 찬탄코자
비루한 말로 수승한 덕을 찬탄하지만
이를 대하니 실로 부끄러운 마음뿐이네.

But if something were to be found comparable to you,
to make such comparison
would be the act of a foolish and disrespectful man.

만약 부처님과 견줄 수 있는 무언가를
찾을 수 있다 하여도
그와 같이 비교하는 것은
어리석고 경건하지 못한 자의 짓일 따름입니다.

제4장

경이로움을 찬탄함 [讚妙頌]

In Praise of Wonders

제42송

pratanv iva hi paśyāmi dharmatām anucintayan |
sarvaṃ cāvarjitaṃ māravijayaṃ prati te jagat ||

時俗睹降魔시속도항마 一切咸歸伏일체함귀복
觀彼同眞性관피동진성 我謂等輕毛아위등경모

세상 사람들 마구니 항복함을 보고서
모두가 다 엎드려 귀의하지만
부처님은 진여성품과 같음을 관하기에
나는 가벼운 깃털과 같다 말하리.

Your victory over Māra evokes wonder in people
but considering your great virtues
I think this is but a minor thing.

부처님께서는 마라[32]에게 승리하시어
사람들에게 경이로움을 불러일으키지만
여래의 위대한 덕을 생각한다면
저는 이것이 소소한 것일 뿐이라고 생각합니다.

32 마라Māra는 인격화된 악으로 불교에서는 유혹하는 자, 곧 악마를 말한다.

제43송

mahato 'pi hi saṃrambhāt pratihantuṃ samudyataḥ |
kṣamāyā nātibhāro 'sti pātrasthāyā viśeṣataḥ ||

假令大戰陣가령대전진　智勇能摧伏지용능최복
聖德超世間성덕초세간　降彼非爲喩항피비위유

가령 큰 전쟁터에서는
지혜와 용맹이 있어야 적을 굴복시킬 수 있지만
여래의 거룩하신 덕은 세간을 초월하셨으니
저들을 항복시킴에 어찌 비유하랴.

Even those who lash out in fury to assault you
are not a heavy burden for your patience to bear
housed as it is in such a worthy vessel.

부처님은 그와 같은 보배 그릇에
머물러 계시며 잘 인내할 수 있으시기에
당신에게 화내며 공격하는 사람들도
견디지 못할 무거운 짐이 아닙니다.

제44송

yat tu mārajayānvakṣaṃ sumahat kleśavaiśasam |
tasyām eva kṛtaṃ rātrau tad eva paramādbhutam ||

鄰次降魔後인차항마후 於夜後分中어야후분중
斷諸煩惱習단제번뇌습 勝德皆圓滿승덕개원만

차례로 마구니를 항복시키신 후
밤이 지나 새벽이 오는 가운데
모든 번뇌와 습기 다 끊으셨으니
수승하신 공덕이 다 원만해지셨네.

What is truly wondrous is this:
after you conquered Māra, on that same night
you were able to conquer your own defilements.

이 얼마나 참으로 놀라운가!
마라를 항복시키신 그날 밤 뒤로
부처님께서는 마음속에 있는
모든 번뇌를 항복시키셨습니다.

제45송

tamovidhamane bhānor yaḥ sahasrāṃśumālinaḥ |
vīra vismayam āgacchet sa tīrthyavijaye tava ||

聖智除衆闇성지제중암　　超過千日光초과천일광
摧伏諸邪宗최복제사종　　希有無能比희유무능비

온갖 무명의 암흑 제거하신 거룩한 지혜
천 개의 햇빛보다 더 밝아라.
모든 삿된 외도 굴복시키시니
그 희유함에 견줄 것이 없네.

He who is amazed at your victory over opponents,
might well be amazed at the sun for dispelling the darkness
with its garland of a thousand rays.

부처님이 외도와 싸워 승리하심은
태양이 일천 개의 광선을 비추어
암흑을 몰아내는 것보다
더 경이롭습니다.

제46송

sarāgo vītarāgeṇa jitaroṣeṇa roṣaṇaḥ |
mūḍho vigatamohena tribhir nityaṃ jitās trayaḥ ||

三善根圓滿삼선근원만　永滅貪恚癡영멸탐에치
種習悉已除종습실이제　淸淨無能喩청정무능유

계정혜 선근공덕 원만하시고
탐진치 영원히 소멸하시며
무명종자 오랜 습기 이미 다 없애셨으니
그 청정하심에 견줄 것이 없네.

You have overcome three things with three things:
passion with passionlessness,
anger with love,
and ignorance with wisdom.

부처님은 세 가지 것으로 세 가지 난제를 극복하셨나니
탐욕 없음으로 탐욕(貪)을 극복하셨고
사랑으로 분노(嗔)를 극복하셨으며
지혜로 무지(癡)를 극복하셨습니다.

제47송

praśaṃsasi ca saddharmān asaddharmān vigarhasi |
anurodhavirodhau ca na staḥ sadasatos tava ||

妙法尊恒讚묘법존항찬　不正法恒非부정법항비
於斯邪正處어사사정처　心無有憎愛심무유증애

세존께선 묘법을 늘 칭찬하시고
바르지 못한 법은 늘 나무라시지만
이런 삿되고 바른 것들에
미워하고 사랑하는 마음 없으셔라.

Good deeds you praise, bad deeds you blame,
but towards those who act thus
you are free from any "for" or "against."

부처님은 선행(正法)을 칭찬하시고
악행(不正法)은 꾸짖으시지만
부처님은 업을 짓는 자에 대하여서는
찬성(순종)하지도 반대(거역)하지도 않으십니다.

제48송

naivārhatsu na tīrthyeṣu pratighānunayaṃ prati |
yasya te cetaso 'nyatvaṃ tasya te kā stutir bhavet ||

於聖弟子衆어성제자중　及外道師徒급외도사도
於彼違順中어피위순중　佛心初無二불심초무이

부처님의 거룩한 제자들이나
외도 스승의 제자들이라도
저 거역하고 순종함에 대해
부처님은 처음부터 두 마음 없으시네.

Is any praise high enough for you
whose mind transcends
attachment to the noble and dislike for the ignoble?

고결한 자(아라한)에 대한 애착(순종)과
하열한 자(외도)에 대한 미움(거역)을
부처님은 모두 넘어서셨으니
이보다 더한 찬탄이 어디 있겠습니까?[33]

33 아라한Arahant은 사성제와 삼법인을 깨달은 성인을, 외도(Tīrthika)는 불교 아닌 타종교의 지지자를 말한다.

제49송

guṇeṣv api na saṅgo 'bhūt tṛṣṇā na guṇavatsv api |
aho te suprasannasya sattvasya pariśuddhatā ||

於德情無著어덕정무착　德者亦非貪덕자역비탐
善哉極無垢선재극무구　聖智恒圓潔성지항원결

마음으로 공덕에도 집착하지 않으시고
공덕 갖춘 자에게도 탐착하지 않으시니
훌륭하셔라, 지극히 허물없음이여!
거룩한 지혜, 늘 원만하고 정결하시네.

You did not cling to virtue
nor yearn for those who were virtuous.
Ah! See the purity of this most tranquil being!

부처님은 공덕에도 집착하지 않으시고
또한 덕 있는 자들도 그리워하지 않으시니
아, 가장 평온하신 분의 청정함을 보십시오!

제50송

indriyāṇāṃ prasādena nityakālānapāyinā |
mano nityaprasannaṃ te pratyakṣam iva dṛśyate ||

諸根常湛寂제근상담적　永離迷妄心영리미망심
於諸境界中어제경계중　現量由親睹현량유친도

모든 감관이 늘 맑고 고요하시어
미혹되고 허망한 마음 길이 여의셨네.
여러 가지 경계 가운데
현량(pratyakṣa)[34]은 직접 봄으로 말미암네.

How permanently calm your mind is can be known
by seeing how unalterably calm your senses are.

여래의 감각이
얼마나 변함없이 고요한지 보고서
여래의 마음이
얼마나 영원히 고요한지 깨달아 알 수 있습니다.

34 불교논리학(因明學)에서는 사태를 감각이나 지각을 통해서 직접적으로 아는 것을 현량現量이라 하고, 개념적 추리를 통해 간접적으로 아는 것을 비량比量이라 한다.

제51송

ā bālebhyaḥ prasiddhās te matismṛtiviśuddhayaḥ ।
gamitā bhāvapiśunaiḥ suvyāhṛtasuceṣṭitaiḥ ॥

念慧窮眞際염혜궁진제　非凡愚所測비범우소측
善安立語言선안립어언　證彼亡言處증피망언처

억념(smṛti, 기억함)과 지혜로 진제[35]를 다 밝혀도
어리석은 범부는 헤아릴 수 없어라.
좋은 말로 잘 설명하려 하지만
그분은 말을 잃은 경지를 증득하셨네.

Even the foolish acknowledge the purity of your mind.
The goodness of your words and deeds
reflects your pure thoughts.

어리석은 자일지라도
여래의 마음이 청정함을 분명히 압니다.
선한 말씀과 선한 행동은
여래의 청정한 생각을 드러냅니다.

35 공空을 강조하는 중관학파에서는 진리를 경험적 진리인 속제와 언어적 표현을 넘어서는 궁극적 진리인 진제의 두 가지 측면으로 설명하는데, 한문본은 진제의 측면을 강조하여, 영문본은 속제의 측면을 강조하여 각각 번역하고 있다.

제5장

색신을 찬탄함 [讚色身頌]

In Praise of Form

제52송

upaśāntaṃ ca kāntaṃ ca dīptam apratighāti ca |
nibhṛtaṃ corjitaṃ cedaṃ rūpaṃ kam iva nākṣipet ||

寂靜無礙光적정무애광　皎潔逾輝映교결유휘영
妙色世希有묘색세희유　熟不懷敬心숙불회경심

고요하고도 걸림 없는 빛
희고 깨끗하게 비추이네.
미묘한 색신은 세상에서 희유하니
그 누가 존경심 품지 않으랴.

Lovely yet calming, bright but not blinding, gentle yet strong. Who would not be inspired just to see you?

부처님은 사랑스러우면서도 고요하시고
빛나면서도 눈을 멀게 하지 않으시며
부드러우면서도 굳세고 강하시니
누가 여래의 모습을 보고 감화 받지 않겠습니까?

제53송

yenāpi śataśo dṛṣṭaṃ yo 'pi tatpūrvam īkṣate |
rūpaṃ prīṇāti te cakṣuḥ samaṃ tad ubhayor api ||

若有暫初觀약유잠초관　或復恒瞻睹혹부항첨도
妙相曾無二묘상증무이　前後悉同歡전후실동환

어떤 사람이 처음 잠시 보거나
다시 늘 보아도
미묘하신 모습은 다르지 않나니
처음 보나 늘 보나 똑같이 환희하네.

The joy one feels on beholding you for the first time
does not diminish even after seeing you a hundred times.

누구라도 여래의 모습을 처음 본 순간
처음 느낀 그 환희심은
일백 번 다시 보더라도 사라지지 않습니다.

제54송

asecanakabhāvād dhi saumyabhāvāc ca te vapuḥ |
darśane darśane prītiṃ vidadhāti navāṃ navām ||

最勝威德身최승위덕신　觀者心無厭관자심무염
縱經無量劫종경무량겁　欣仰似初觀흔앙사초관

최고의 위엄과 공덕 지닌 수승하신 몸
보는 이 누구나 싫은 마음 없어
설사 무량겁의 세월이 지난다 해도
처음처럼 기쁘게 우러러보네.

Each time it is seen, your form gives joy;
its beauty is such that one is never satisfied.

여래의 모습을 뵐 때마다
당신의 모습은 기쁨을 선사합니다.
그 모습 아름답고 장엄하여
결코 질리지 않습니다.

제55송

adhiṣṭhānaguṇair gātram adhiṣṭhātṛguṇair guṇāḥ ǀ

parayā saṃpadopetās tavānyonyānurūpayā ǀǀ

所依之德體소의지덕체　能依之德心능의지덕심

性相二俱融성상이구융　能所初無異능소초무이

의지의 대상(adhiṣṭhāna)[36]은 덕의 본성이고

의지의 주체는 덕의 마음이라.

본성과 모습을 다 갖추어 융통하셨으니

주체와 대상은 처음부터 다르지 않네.

Your body is worthy as a receptacle

and your virtues are worthy as occupants.

Both are excellent in themselves

and both complement each other perfectly.

여래의 모습은 덕을 담는 그릇으로 어울리고

여래의 공덕은 거주자로 어울립니다.

둘 다 그 자체로 뛰어나고,

둘 다 서로 보완하여 원만합니다.

36 부처님의 힘이 나에게 더해지고, 나는 그 힘을 받아 지니는 것. 가지加持를 말한다.

제56송

kvānyatra suniviṣṭāḥ syur ime tāthāgatā guṇāḥ ǀ
ṛte rūpāt tavaivāsmāl lakṣaṇavyañjanojjvalāt ǀǀ

如斯善逝德여사선서덕　總集如來躬총집여래궁
離佛相好身이불상호신　餘非所安處여비소안처

이와 같이 부처님의 공덕은
여래의 색신에 모두 들어 있나니
부처님의 32상 80종호의 색신 벗어나
편안히 의지할 곳 그 어디 있으랴.

Where else could the virtues of a Tathāgata
be so well housed as in your body,
shining as it does with auspicious marks and signs?

길상의 상호[37]는 찬란하게 빛나고
여래[38]의 덕은 여래의 몸에 잘 간직되어 있으니
그 밖에 어느 곳에 간직될 수 있겠습니까?

37 상호相好는 부처님의 신체적인 특징 및 속성을 가리킴. 상(相, laksana)은 큰 특징이며 호(好, anuvyanjana)는 작은 특징을 각각 가리킨다.
38 여래(Tathāgata)는 붓다의 별칭으로 '이와 같이 오신 분(Thus Come One)' 또는 '이와 같이 가신 분(Thus Gone One)'을 뜻한다.

제57송

dhanyam asmīti te rūpaṃ vadatīvāśritān guṇān |
sunikṣiptā vayam iti pratyāhur iva tad guṇāḥ ||

我因先世福아인선세복　幸遇調御師행우조어사
仰讚功德山앙찬공덕산　遠酬尊所記원수존소기

저는 전생에 지은 선근복덕으로
다행히 부처님을 만나 뵈었나니
부처님의 태산 같은 공덕 우러러 찬탄해도
세존께서 수기하심에 보답할 길 아득하여라.

Your body seems to say to your virtues:
"I am blessed to have you,"
and your virtues seem to respond:
"Where better could we dwell?"

여래의 몸이 여래의 덕에게 말을 건넵니다.
"당신을 담고 있어 나는 가피를 받았습니다."
여래의 덕이 이에 답합니다.
"당신 말고 그 어느 곳에서 잘 지내겠습니까?"

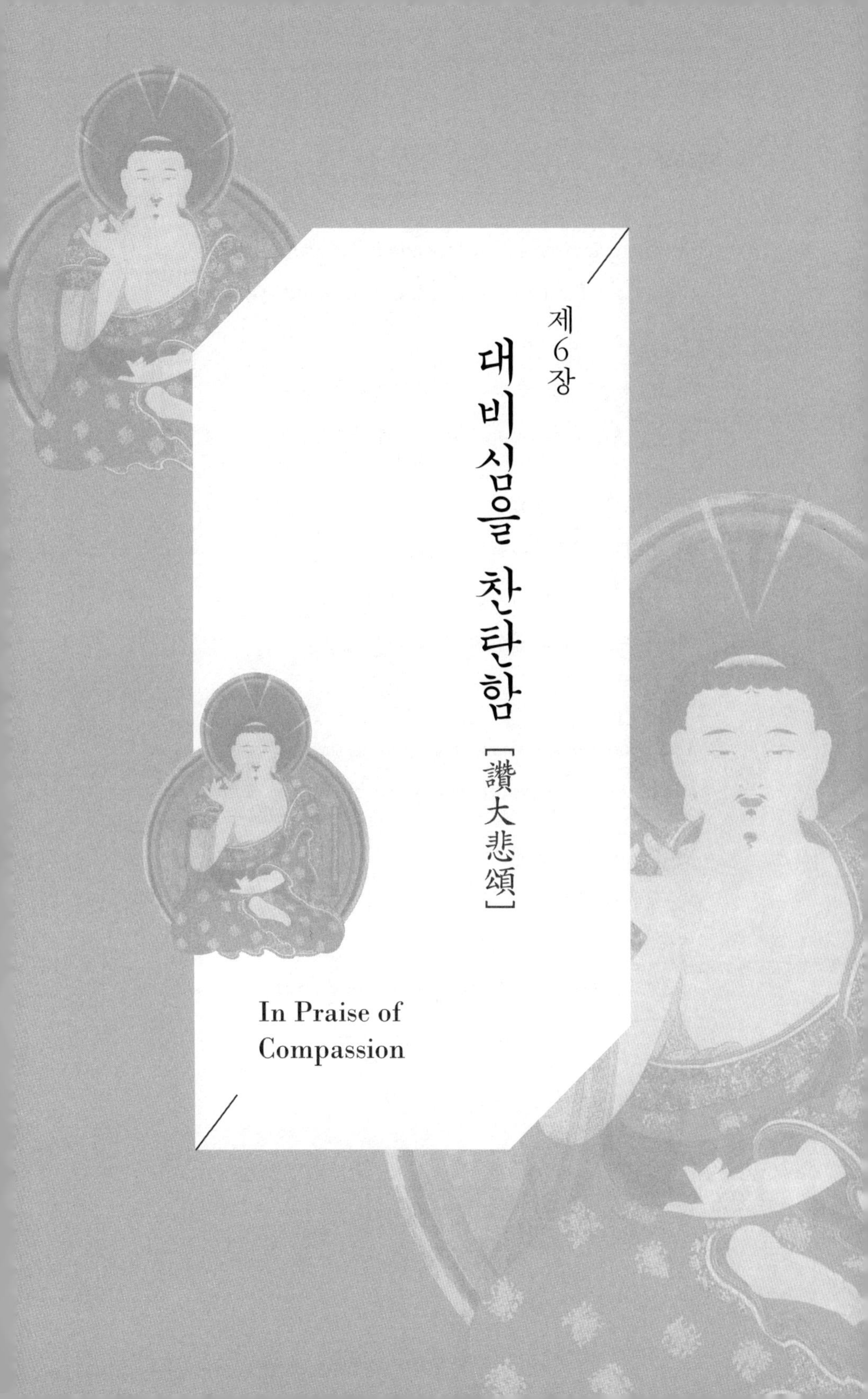

제6장

대비심을 찬탄함 [讚大悲頌]

In Praise of Compassion

제58송

sarvam evāviśeṣeṇa kleśair baddham idaṃ jagat ।
tvaṃ jagatkleśamokṣārthaṃ baddhaḥ karuṇayā ciram ॥

一切有情類일체유정류　皆因煩惱持개인번뇌지
唯佛能善除유불능선제　由悲久住世유비구주세

모든 부류의 중생들은
다 번뇌로 인해 (윤회를) 지속하지만
오직 부처님만은 번뇌를 잘 없애시고도
자비심으로 인해 세상에 오래 머무시네.

You long bound yourself to compassion in order to free all those in the world who were bound by defilements.

번뇌와 죄악이 몸에 밴
이 세상의 모든 사람들을 해탈시키기 위해
번뇌가 다한 부처님께서는
오랫동안 당신 자신을 연민으로 감싸셨습니다.

제59송

kaṃ nu prathamato vande tvāṃ mahākaruṇām uta |
yayaivam api doṣajñas tvaṃ saṃsāre dhṛtaś ciram ||

誰當先敬禮수당선경례　唯佛大悲尊유불대비존
聖德超世間성덕초세간　悲願處生死비원처생사

누구에게 마땅히 먼저 예경하랴?
오직 대자대비하신 부처님뿐이라.
거룩하신 공덕은 세간을 초월하셨으나
자비심과 서원으로 생사에 머무시네.

Which shall I praise first, you or the great compassion
by which you were long held in saṃsāra
though well you knew its faults?

부처님께선 생사윤회의 허물을 잘 아심에도 불구하고
오랫동안 생사의 바다에 머물러 계시오니
부처님과 큰 연민 중에
저는 어느 것을 먼저 찬탄하오리까?

제60송

vivekasukhasātmyasya yad ākīrṇasya te gatāḥ |
kālā labdhaprasarayā tat te karuṇayā kṛtam ||

尊居寂靜樂존거적정락　處濁爲群生처탁위군생
永劫久精勤영겁구정근　慈心爲一切자심위일체

세존께선 고요한 법락에 계시면서도
중생 위해 오탁악세에 거처하시고
영겁의 오랜 세월 동안 정근하시며
자비심으로 일체중생을 위하시네.

Although you preferred the delights of solitude,
compassion led you to spend your time among the crowd.

세존께서는 홀로 있음의 기쁨을 우선하셨지만
연민으로 말미암아
중생 가운데서 많은 시간을 보내셨습니다.

제61송

śāntād araṇyād grāmāntaṃ tvaṃ hi nāga iva hradāt |
vineyārthaṃ karuṇayā vidyayevāvakṛṣyase ||

從眞還利俗종진환이속　由悲所引生유비소인생
如咒出潛龍여주출잠룡　興雲注甘雨흥운주감우

진리로 세상을 이롭게 하기 위해 돌아오심은
대비심이 이끌어 냄으로 말미암은 것이니
마치 주문으로 인해 잠룡[39]이 세상에 나와
구름 일으키고 감로비 내림과 같네.

Like a mighty dragon drawn from its lake by a spell,
compassion led you from forest to town
for the sake of those to be taught.

주문으로 힘센 용을 호수에서 불러내듯이
부처님께서 숲속으로부터 마을에 이르신 것은
연민이 당신을 이끌어 내어
중생을 교화하여 이롭게 하기 위함이었습니다.

39 원래 『주역周易』 건괘乾卦 초구初九에 나오는 말로 "잠룡재연潛龍在淵", 즉 연못 아래에 숨어 있는 용을 뜻한다.

제62송

paramopaśamastho 'pi karuṇāparavattayā ।
kāritas tvaṃ padanyāsaṃ kuśīlavakalāsv api ॥

恒居勝定位항거승정위　等觀以怨親등관이원친
兇嶮倡聒人흉험창괄인　投身歸聖德투신귀성덕

수승한 선정의 자리에 항상 머무시며
원수와 친한 이를 평등하게 보시니
흉악한 자와 왁자지껄 노래하는 사람들[40]
몸 바쳐 거룩하신 덕에 귀의하네.

Though abiding in deep tranquillity, the development of compassion made you take up even the musical art.

비록 깊은 적정(寂靜, śama)에 머무실지라도
부처님은 음악 예술[41]도 또한 정통하셨으니
모두 연민에 따라 행하셨기 때문입니다.

40 고대 인도에서 일상적 영창 형태로 서사시를 영송한 음유시인들을 꾸쉴라바kuśīlava 라고 하는데, 우리나라의 판소리 소리꾼과 비슷하다.

41 부처님은 그의 전생 중 한 생애에서 음악가로 태어나시어 신을 전향시키기 위해 그의 재능을 사용하셨다고 한다. 『구틸라 자타가Guttila Jātaka』 참조.

제63송

ṛddhir yā siṃhanādā ye svaguṇodbhāvanāś ca yāḥ ǀ
vāntecchopavicārasya kāruṇyanikaṣaḥ sa te ǀǀ

神通師子吼신통사자후　宣言三界尊선언삼계존
久已厭名聞구이염명문　由悲自稱讚유비자칭찬

신통으로 사자후 외치시며
삼계에서 홀로 존엄하다고 선포하시니
오래전에 이미 명성을 싫어하셨지만
자비심으로 말미암아 스스로 칭찬하셨네.

Your powers, your lion's roar
and the manifestation of virtues are but glitter
rubbed off the nugget of your innate compassion.

여래의 (열 가지) 신통력, 여래의 사자후
그리고 덕의 현현은 당신에게 타고난 연민의 원석을
문질러서 생긴 빛일 따름입니다.[42]

---

42 신통력에 대해서 냐나틸로카Nyanatiloka, 『불교사전(*Buddhist Dictionary*)』(콜롬보, 1972)의 「神通(Iddhi)」 항목 참조. '사자후'는 깨달음에 대한 붓다의 대담하고 확신 있는 주장. 이 구절은 원석인 연민이 가장 중요한 것이고, 힘 등의 '반짝이는 빛'은 그 연민의 부산물에 불과함을 뜻한다.

제64송

parārthaikāntakalyāṇī kāmaṃ svāśrayaniṣṭhurā ǀ
tvayy eva kevalaṃ nātha karuṇākaruṇābhavat ǀǀ

常修利他行상수이타행　曾無自利心증무자리심
慈念遍衆生자념편중생　於己偏無愛어기편무애

중생 이롭게 하는 행 닦으시되
일찍이 스스로 이롭게 하는 맘 없으시고
자비심이 중생에게 두루하셔도
당신 자신에겐 치우쳐 애착하지 않으시네.

Your compassion was kind only towards others,
but was cruel towards her own master.
Towards you alone, O Lord, compassion was pitiless.

여래의 연민은 온전히 남을 향해서만 인자하시고
당신 자신에 대해서는 오히려 냉엄하십니다.
오, 세존이시여, 연민은 오직 당신에게만 매정합니다.[43]

---

43 이 게송(제64송)과 제65 및 66송에서 대비심은 부처님 자신에게 불편함을 초래할 정도로 다른 사람을 위해서 헌신하는 자로 인격화된다.

제65송

tathā hi kṛtvā śatadhā dhīrā balim iva kva cit |
pareṣām arthasiddhyarthaṃ tvāṃ vikṣiptavatī diśaḥ ||

悲願無邊際비원무변제　逐器化群生축기화군생
隨處皆饒益수처개요익　猶如散祭食유여산제식

자비심과 서원 끝이 없어
그릇(근기) 따라 중생 교화하시니
제사 음식 사방에 뿌리듯이
간 곳마다 모두를 이롭게 하시네.

That same compassion
had you cut into a hundred pieces
and cast you like an offering to the four quarters,
all for the sake of others.

한결같은 연민으로 말미암아
마치 공양물을 사방에 뿌리듯
여래께서는 당신 몸을 수없이 조각내어
다른 이를 위해 모두 던지셨습니다.

제66송

tvadicchayaiva tu vyaktam anukūlā pravartate |
tathā hi bādhamānāpi tvāṃ satī nāparādhyate ||

深心念一切심심념일체　恒不捨須臾항불사수유
利彼反遭辱이피반조욕　由悲非佛咎유비비불구

깊은 마음으로 일체중생을 생각하시고
항상 잠시라도 버리지 않으시니
남을 이롭게 하시다 도리어 욕을 당해도
자비심 때문이니, 부처님은 허물이 없어라.

But clearly compassion always acted in accordance with your will. For although she oppressed you, he did not transgress against your desires.

연민은 분명코 항상 여래의 서원과 일치하여 나온 것입니다.
비록 연민으로 인해 부처님이 탄압을 받으실지라도
당신의 서원을 결코 거스르지 않으셨기 때문입니다.

제7장

설법을 찬탄함 [贊語頌]

In Praise of Speech

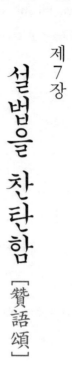

제67송

supadāni mahārthāni tathyāni madhurāṇi ca |
gūḍhottānobhayārthāni samāsavyāsavanti ca ||

慈音演妙義자음연묘의　誠諦非虛說성제비허설
廣略任機緣광략임기연　半滿隨時轉반만수시전

자비로운 음성으로 미묘한 뜻 연설하시니
허망한 말 아니고 참된 진리의 말씀이시라.
기연[44] 따라 광설·약설 법문 자재하시고
시절 따라 소승·대승 법륜 굴리시네.

Well worded and significant, true and sweet,
deep or plain or both together, condensed or copious.

중생들에게 의미 있는 좋은 말씀
진실하고 감미롭게 잘 설하셨나니
때론 깊거나 때론 쉽게, 또는 둘 다 함께
때론 간략하거나 때론 풍부하게 설해 주셨네.

---

44 기연機緣: 중생들에게 그것이 동기가 될 만한 선근善根이 원래 있어야만 비로소 부처의 설법을 듣고 교화를 받을 수 있는 인연이 있다는 의미. 한문본에서 半은 소승, 滿은 대승을 말한다.

제68송

kasya na syād upaśrutya vākyāny evaṃvidhāni te |

tvayi pratihatasyāpi sarvajña iti niścayaḥ ||

若聞尊演說약문존연설　孰不歎希奇숙불탄희기

縱令懷惡心종령회악심　有智咸歸信유지함귀신

만약 세존께서 설하시는 법문 듣는다면

누가 진귀하다 찬탄하지 않으랴.

설령 나쁜 마음 품었다 해도

지혜(sarvajña)[45] 있는 분께 모두 믿고 귀의한다네.

Hearing such words of yours, would not even an opponent be convinced that you were all-knowing?

그와 같은 여래의 말씀을 듣는다면

심지어 외도마저도

여래께서 모든 것을 아시는 분임을

확신하고 믿지 않겠습니까?

45 범어 sarvajña는 일체제법의 총상總相을 아는 지혜, 곧 일체지一切智를 말한다.

제69송

prāyeṇa madhuraṃ sarvam agatyā kiṃ cid anyathā |
vākyaṃ tavārthasiddhyā tu sarvam eva subhāṣitam ||

義詞恒善巧의사항선교　　或復出麤言혹부출추언
利益悉不虛이익실불허　　故並成眞妙고병성진묘

말과 뜻이 언제나 교묘하고 좋으시니
혹 거친 말씀 하신다 해도
이익이 될 뿐, 모두가 허망한 말 아니니
그러므로 다 참되고 미묘한 법문 이루네.

Generally your speech was wholly sweet
but when necessary it would be otherwise.
But either way, every word was well spoken
because it always achieved its purpose.

대체로 여래의 설법은 온전히 듣기 좋지만
인연 따라 필요할 때 엄한 말씀을 하시나니
어떤 말씀이든, 모든 말씀마다 잘 설하시기에
여래의 말씀은 언제나 그 목적을 이루시네.

제70송

yac chlakṣṇaṃ yac ca paruṣaṃ yad vā tadubhayānvitam ǀ
sarvam evaikarasatāṃ vimarde yāti te vacaḥ ǀǀ

柔軟及麤獷유연급추광　隨事化衆生수사화중생
聖智無礙心성지무애심　一味皆平等일미개평등

부드러운 말씀과 엄한 말씀으로
상황에 따라 중생 교화하시니
거룩하신 지혜와 걸림 없는 마음
한맛으로 모두 평등하여라.

Soft or hard or possessing both qualities,
all your words when distilled had but one taste.

말씀이 부드럽거나 엄하거나
혹은 부드럽고 엄할지라도
부처님이 설하신 모든 말씀의 정수는
오직 한 가지 맛일 뿐입니다.[46]

46 「해탈의 맛(*vimuttirasa*)」－『우다나Udāna』 56 참조.

제71송

aho supariśuddhānāṃ karmaṇāṃ naipuṇaṃ param |
yair idaṃ vākyaratnānām īdṛśaṃ bhājanaṃ kṛtam ||

勝哉無垢業승재무구업　善巧喩良工선교유량공
成此微妙身성차미묘신　演斯珍寶句연사진보구

수승하여라, 때 없이 청정한 업이여!
그 공교함은 뛰어난 장인과 같으시네.
이렇게 미묘한 몸 성취하시고
이렇듯 진귀하고 보배로운 법문 펴시네.

Ah! How pure, perfect and excellent your actions are,
that you employed these jewel-like words in such a way.

아! 여래의 행은 얼마나 청정하시고
완전하시며, 수승하신지
부처님은 그와 같은 방법으로
이러한 주옥같은 말씀을 들려주셨습니다.

제72송

asmād dhi netrasubhagād idaṃ śrutimanoharam |
mukhāt kṣarati te vākyaṃ candrād dravam ivāmṛtam ||

睹者皆歡喜도자개환희　聞說並心開문설병심개
美顔宣妙詞미안선묘사　如月流甘露여월류감로

보는 이 누구라도 환희하고
듣는 이 누구라도 마음 열려
아름다운 존안으로 미묘 법문 설하시니
마치 달에서 감로수 흘러나오는 것 같네.

From your mouth pleasing to the eye, drop words
pleasing to the ear, like nectar from the moon.

마치 달에서 감로가 떨어지듯[47]
바라만 보아도 즐거운 여래의 성구聖口에서
듣기만 해도 즐거운 말씀이 흘러나옵니다.

47 고대 인도인들은 감로가 달에서 떨어진다고 믿었다고 한다.

제73송

rāgareṇuṃ praśamayad vākyaṃ te jaladāyate |
vainateyāyate dveṣabhujaṅgoddharaṇaṃ prati ||

慈雲灑法雨자운쇄법우　能清染欲塵능청염욕진
如彼金翅王여피금시왕　呑滅諸龍毒탄멸제용독

자비 구름에서 법의 비 뿌리시어
욕심 번뇌 물든 마음 씻어주시니
마치 저 가루다 왕이
모든 용의 독 삼켜 없애는 듯하네.

Your sayings are like a spring shower settling the dust of passions, like a garuḍa killing the serpent of hatred.

여래의 법문은 봄날 소나기처럼
욕정의 먼지를 씻어내는 듯하고
마치 가루다(금시조)가
증오의 뱀을 잡아먹는 듯합니다.[48]

48 가루다garuḍa는 불경에서 금시조金翅鳥로 번역된다. 인도 신화에서는 태양신 수리아의 마부인 아루나의 동생이다. 뱀을 잡아먹고 살며, 대승경전에서는 불법을 수호하는 팔부신중八部神衆의 하나에 속한다.

제74송

divākarāyate bhūyo 'py ajñānatimiraṃ nudat ।
śakrāyudhāyate mānagirīn abhividārayat ॥

能殄無明闇능진무명암　喩如千日光유여천일광
摧碎我慢山최쇄아만산　譬猶天帝杵비유천제저

무명의 어둠을 몰아내심은
천 개의 태양이 빛나는 것과 같고
아만의 산을 쳐부수심은
제석천왕의 금강저와 같아라.

They are like the sun again and again
dispelling the darkness of ignorance,
like Śakra's sceptre splitting the mountain of pride.

여래의 법문은 태양이
무명의 어둠을 거듭 몰아내는 것과 같고
샤크라[49]의 금강저가
아만의 산을 쪼개는 것과 같습니다.

49 샤크라Śakra는 베다 신화에서 신들 중의 왕으로 나오며, 부러지지 않은 강한 지휘봉(笏: 권위와 통치권의 상징, 금강저)을 가지고 있다.

제75송

dṛṣṭārthatvād avitathaṃ niṣkleśatvād anākulam |
gamakaṃ suprayuktatvāt trikalyāṇaṃ hi te vacaḥ ||

現證非虛謬현증비허류　　靜慮除亂心정려제란심
如實善修行여실선수행　　三事皆圓滿삼사개원만

현실에서 증명하시니 그릇되지 않고
선정에 들어 혼란한 마음 없애시며
여실하게 잘 수행하시니
세 가지 일이 모두 원만하셔라.

Your speech is excellent in three ways:
based on fact it is truthful,
because its motive is pure it causes no confusion,
and being relevant it is easily understood.

여래의 설법은 세 가지 점에서 뛰어나시니
사실에 기초하므로 진정성이 있고
동기가 청정하므로 혼란을 초래하지 않으며
상황에 적절하므로 쉽게 이해됩니다.

제76송

manāṃsi tāvac chrotṝṇāṃ haranty ādau vacāṃsi te |
tato vimṛśyamānāni rajāṃsi ca tamāṃsi ca ||

創聞佛所說창문불소설　心喜已開明심희이개명
從此善思惟종차선사유　消除諸垢染소제제구염

처음으로 부처님의 말씀 들으면
마음이 기쁘고 밝게 열리지만
여기에서부터 잘 사유해가면
모든 번뇌가 소멸된다네.

When first heard your words excite the mind
but when their meaning is pondered over
they wash away all ignorance and passion.

여래의 설법을 처음 들으면
마음이 기뻐 흥분되지만
그 의미를 계속해서 깊이 생각하면
모든 무명과 욕정이 다 깨끗이 씻깁니다.

제77송

āśvāsanaṃ vyasanināṃ trāsanaṃ ca pramādinām |
saṃvejanaṃ ca sukhināṃ yogavāhi vacas tava ||

遭苦能安慰조고능안위　放逸令生怖방일령생포
著樂勸厭心착락권염심　隨事皆開誘수사개개유

고통받는 자를 위로하시고
게으른 자에게 두려움 생기게 하시며
향락에 빠진 자에게 싫어하는 마음 내도록 권하시니
상황에 따라 모두 일깨워 주시네.

They go to the hearts of all.
While comforting the grieving they alarm the heedless
and rouse those preoccupied with pleasures.

여래의 설법은 모든 이의 마음속으로 들어가
비탄에 잠겨 있는 사람은 위로하시고
마음이 흐트러진 사람에겐 경종을 울리시며
쾌락에 빠져 있는 사람은 각성시키십니다.

제78송

viduṣāṃ prītijananaṃ madhyānāṃ buddhivardhanam |
timiraghnaṃ ca mandānāṃ sārvajanyam idaṃ vacaḥ ||

上智證法喜상지증법희　中根勝解生중근승해생
淺劣發信心천렬발신심　尊言遍饒益존언편요익

상근기는 법의 기쁨을 증득하고
중근기는 수승한 이해가 생기며
하근기는 믿는 마음을 일으키니
세존의 말씀은 모두를 이롭게 하시네.

Truly your words are for all: they delight the wise,
strengthen those of middling intelligence
and illuminate the minds of the dull.

여래의 진실한 말씀은 모두를 위하시니
지혜로운 자에게는 기쁨을 주시고
중간 수준의 자에게는 이해력을 증장시키시며
우둔한 자에게는 마음을 계몽시켜 주십니다.

제79송

apakarṣati dṛṣṭibhyo nirvāṇam upakarṣati |
doṣān niṣkarṣati guṇān vākyaṃ te 'bhipravarṣati ||

善拔諸邪見선발제사견　引之趣涅槃인지취열반
罪垢能洗除죄구능세제　由尊降法雨유존강법우

모든 삿된 견해를 잘 뿌리 뽑아
열반 언덕 이르도록 인도하시니
죄와 번뇌를 씻어 없앨 수 있음은
세존께서 법의 비 내리셨기 때문이네.

Your sayings coax men from false views
and draw them towards Nirvana.
They remove faults and rain down virtues.

여래의 법문은 사람들을 달래어
삿된 견해를 버리도록 하고
열반으로 향하도록 이끌어 주며
허물을 제거하도록 덕의 비를 내려줍니다.

제80송

sarvatrāvyāhatā buddhiḥ sarvatropasthitā smṛtiḥ |
avandhyaṃ tena sarvatra sarvaṃ vyākaraṇaṃ tava ||

一切智無礙일체지무애　恒住正念中항주정념중
如來所記莂여래소기별　一向非虛謬일향비허류

일체의 지혜로 걸림이 없고
정념 가운데 늘 머무시니
여래께서 중생에게 수기 주신 것
오직 한결같아 그릇되지 않아라.

Your knowledge embraces all things,
your mindfulness is ever present
and thus what you say will always come to pass.

여래의 지혜는 모든 법을 수용하고
여래의 마음챙김은 늘 현존하므로
부처님이 말씀하신 것은
항상 일어나고 지나갈 것입니다.

제81송

yan nādeśe na cākāle naivāpātre pravartase |
vīryaṃ samyag ivārabdhaṃ tenāmoghaṃ vacas tava ||

無非處非時무비처비시　亦無非器轉역무비기전
尊言不虛發존언불허발　聞者悉勤修문자실근수

장소가 아닌 곳이나 때가 아닌 시간이나
그릇이 아닌 자에게는 법륜을 굴리지 않으시니
세존께서 하신 말씀은 헛되이 않아
듣는 사람은 모두 다 힘써 수행하네.

Because you never speak at the wrong time
or in the wrong place or towards the wrong person,
your words, like energy rightly applied, are never wasted.

부처님은 적절한 시간과
적절한 상황과 적절한 대상을 선택하여 설하시기 때문에
에너지를 알맞게 적용하면 낭비되지 않듯이
말씀하신 법문은 모두 수용됩니다.

제8장
가르침을 찬탄함 [讚法頌]

In Praise of Teaching

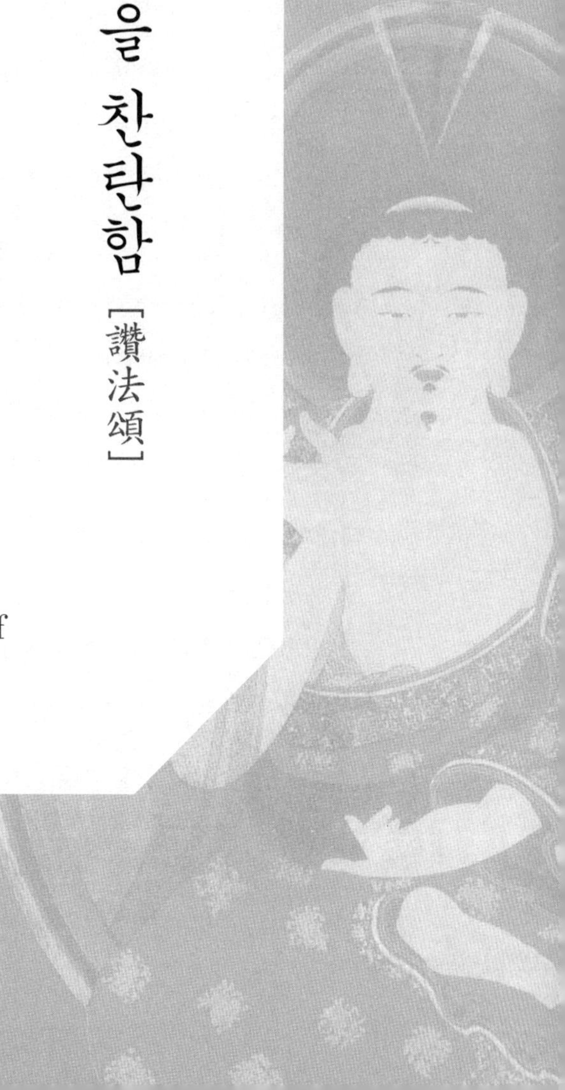

제82송

ekāyanaṃ sukhopāyaṃ svanubandhi niratyayam |
ādimadhyāntakalyāṇaṃ tava nānyasya śāsanam ||

一路勝方便일로승방편 無雜可修學무잡가수학
初中後盡善초중후진선 餘教所皆無여교소개무

오직 한길로 나아가는 수승한 방편
잡다함 없어 닦아 배울 수 있고
처음과 중간과 끝이 다 훌륭하지만[50]
다른 가르침은 모두 그렇지 못하다네.

Your dispensation and only yours is the true path:
its methods are pleasant, its fruits good,
it is free from faults and lovely
in the beginning, the middle and the end.

여래의 가르침(śāsana, 聖教)
오직 당신의 가르침만이 참된 길(一乘道)[51]입니다.
그 방법은 즐겁고, 그 열매는 좋으며,
어떤 흠결도 없이 처음과 중간과 끝이 다 훌륭합니다.

50 『법화경』 「서품」 참조. "말씀하신 법문은 처음과 중간과 끝이 다 훌륭하셨다."
51 오직 하나의 길. 열반에 이르는 유일하고 진실한 길.

제83송

evam ekāntakāntaṃ te dṛṣṭirāgeṇa bāliśāḥ ।
mataṃ yadi vigarhanti nāsti dṛṣṭisamo ripuḥ ॥

如斯一向善여사일향선　狂愚起謗心광우기방심
此教若生嫌차교약생혐　無怨與斯等무원여사등

이와 같이 한결같이 좋은 길
어리석은 외도들이 비방하고
이 가르침 싫어해 외면한다면
이보다 더 원통할 일 또 있으랴.

If fools, because of their attachment to deluded views,
condemn your wonderful teaching,
then deluded views are their own worst enemy.

설령 어리석은 범부들이
미혹된 견해에 집착하여서
부처님의 수승한 가르침을 비방하지만
미혹된 견해야말로 자신에게 가장 나쁜 적입니다.

제84송

anvabhuṅkthā yad asyārthe jagato vyasanaṃ bahu |
tat saṃsmṛtya virūpe 'pi stheyaṃ te śāsane bhavet ||

歷劫爲群迷역겁위군미　備經衆苦毒비경중고독
此教縱非善차교종비선　念佛尙應修염불상응수

여러 겁 동안 미혹한 중생 위해
온갖 쓰라린 고통 다 겪으셨으니
이 가르침 설령 선이 아닌 듯 보일지라도
부처님을 생각하며 마땅히 받들어 닦을 지어다.

Remembering the suffering which you endured
for the sake of others, it would be good
to listen to your teachings even if they were wrong.

부처님이 중생을 이롭게 하시기 위해
모든 고통을 참고 이겨내신 것을 기억한다면
비록 가르침이 맞지 않는 듯하더라도
여래의 가르침을 듣는 것만으로도 좋을 것입니다.

제85송

prāg eva hitakartuś ca hitavaktuś ca śāsanam |
kathaṃ na nāma kāryaṃ syād ādīptaśirasāpi te ||

況能大饒益황능대요익　復宣深妙義부선심묘의
縱使頭被焚종사두피분　先應救此教선응구차교

더구나 큰 이익뿐만 아니라
거듭 깊고 미묘한 뜻 베푸셨나니
설사 머리에 불이 붙었을지라도
먼저 마땅히 이 가르침 구해야 하리.

But coming from one so kind in words and deeds,
how much more should your teachings be practised
with all the vigour one would use to remove
a blazing turban from one's head.

하지만 선한 말과 선한 행동은
모두 선한 사람에게서 나오는 것이므로
머리 위에 불타고 있는 모자를 온힘 다해 벗어내듯
그렇게 더 열심히 여래의 가르침을 닦아야 하겠습니다.

제86송

bhujiṣyatā bodhisukhaṃ tvadguṇāpacitiḥ śamaḥ |
prāpyate tvanmatāt sarvam idaṃ bhadracatuṣṭayam ||

自在菩提樂자재보리락　聖德恒淡然성덕항담연
皆由此敎生개유차교생　證彼亡言處증피망언처

자재함과 보리의 법락
거룩한 덕과 늘 담연함
모두 이 가르침으로 말미암아 생기나니
그분은 언설이 다한 경지 증득하셨네.

Freedom, the joy of enlightenment,
praiseworthy virtues and peace:
these four benefits are all gained from your teaching.

대자유와 보리의 환희심
찬탄할 만한 공덕과 평온[52]
이 네 가지 이익은
모두 여래의 가르침에서 얻습니다.

52 평온(śamaḥ): 모든 물질적인 활동의 멈춤을 뜻한다.

제87송

trāsanaṃ sarvatīrthyānāṃ namucer upatāpanam ।
āśvāsanaṃ nṛdevānāṃ tavedaṃ vīra śāsanam ।।

世雄眞實教세웅진실교　邪宗聞悉驚사종문실경
魔王懷惱心마왕회뇌심　人天生勝喜인천생승희

세상의 영웅이신 여래의 진실한 가르침
삿된 외도들 듣고서 모두가 놀라네.
마왕은 괴로운 마음 품지만
인간과 천신은 더없이 기뻐하네.

O Great Hero, your teachings brought trembling to sectarians, misery to Namuci, but rejoicing to both gods and men.

오, 위대한 영웅이시여!
부처님의 가르침은 모든 외도들에게 전율을 가져다주었고
마왕 나무찌[53]에게 비참을 안겨주었지만
사람과 천신들은 모두 기뻐하였습니다.

53 나무찌Namuci는 마라(Māra, 악마)의 다른 이름이다.

제88송

traidhātukamahābhaumam asaṅgam anavagraham |
śāsanena tavākrāntam antakasyāpi śāsanam ||

大地無分別대지무분별 平等普能持평등보능지
聖教利群生성교이군생 邪正俱蒙益사정구몽익

대지가 분별함 없이
평등하게 일체를 지지하듯이
거룩한 가르침은 중생을 이롭게 하니
삿된 자 바른 자 함께 이익 얻네.

Even the rule of Death, which extends
without impediment or obstacle over the triple world,
has been crushed by your teaching.

삼계[54]에 걸쳐 방해나 장애 없이
그 힘을 미치는 죽음의 법칙조차
여래의 가르침에 의해 무너지고 맙니다.

54 삼계三界는 욕계, 색계, 무색계를 말한다.

제89송

tvacchāsananayajño hi tiṣṭhet kalpam apīcchayā |
prayāti tatra tu svairī yatra mṛtyor agocaraḥ ||

暫聞佛所說잠문불소설　金剛種已成금강종이성
縱未出樊籠종미출번롱　終超死行處종초사행처

잠시라도 부처님 말씀 들었다면
금강의 종자 이미 심어진 것이니
비록 아직은 삼계의 울타리 못 벗어났어도
끝내는 죽음이 가는 곳을 초월하리라.

For those who fathom your teachings can live an aeon
if they so desire, but freely they depart
to the realm where death cannot tread.

여래의 가르침을 깨달은 사람은 누구나
원한다면 세상에서 일 겁 동안 살 수 있지만[55]
그들은 죽음이 짓밟지 못하는 세계로
자유롭게 떠나갑니다.

---

55 가르침을 통달한 사람들이 일 겁 동안 살 수 있다는 관념에 대해서는 『디가 니까야 Dīgha Nikāya』, II: 103, 118 참조.

제90송

āgamasyārthacintāyā bhāvanopāsanasya ca ǀ
kālatrayavibhāgo 'sti nānyatra tava śāsanāt ǀǀ

聞法方思義문법방사의　如實善修行여실선수행
次第三慧圓차제삼혜원　餘教皆無此여교개무차

법문을 듣고, 바르게 뜻을 사유하고
여실하게 잘 수행한다면
차례대로 세 가지 지혜 원만해지리니
다른 가르침은 모두 이와 견줄 수 없네.

Only in your dispensation is time divided
for studying the scriptures, pondering their meaning
and practising meditation.

오직 여래의 가르침 안에서만
시간을 적절하게 나누어
경전을 공부하고 그 뜻을 사유하며
여법하게 명상 수행할 수 있습니다.

제91송

evaṃ kalyāṇakalilaṃ tavedam ṛṣipuṅgava |
śāsanaṃ nādriyante yat kiṃ vaiśasataraṃ tataḥ ||

唯獨牛王仙유독우왕선　妙契眞圓理묘계진원리
斯教不勤修사교불근수　寧有怨過此영유원과차

오직 한 분 우왕선(牛王仙, 부처님)[56]만이
참되고 원만한 이치에 묘하게 계합하시나니
이 가르침 부지런히 닦지 않는다면
정녕 이보다 더 원통할 일 어디 있으랴.

What is more distressful than this, Great Sage,
that some people do not revere your teaching,
full of goodness as it is?

위대한 성자시여!
어떤 이들이 있는 그대로 선으로 가득 찬
당신의 가르침을 공경하지 않는다면
이보다 더 비통한 일이 어디 있겠습니까?

56 우왕선牛王仙: 부처님의 별호. 부처님의 덕행과 위력은 광대무변하여 중생들을 이끌고 피안의 땅으로 갈 수 있기에 우왕이라 한다. 『유가사지론』 권82.

제9장 이롭게 하심을 찬탄함 [讚利益頌]

In Praise of Benefits Conferred

제92송

śravaṇaṃ tarpayati te prasādayati darśanam |
vacanaṃ hlādayati te vimocayati śāsanam ||

暫聞除渴愛잠문제갈애　邪見信心生사견신심생
聽者發喜心청자발희심　依斯具淨戒의사구정계

잠시만 듣더라도 갈애를 없애 주고
사견 지닌 자도 믿음(prasāda)[57]이 생기며
듣는 자 누구라도 환희심 일으키니
이것에 의지해 청정한 계율 갖추네.

Just to hear you brings joy;
just to look upon you calms the heart;
your speech refreshes and your teaching frees.

여래의 음성은 듣기만 해도 환희심이 일고
여래의 모습은 바라만 봐도 마음이 고요해지며
여래의 설법은 머리를 맑게 하고
여래의 가르침은 모두를 자유롭게 합니다.

57 prasāda는 여래에 대한 믿음(信)과 함께 성취하는 마음의 청정함을 나타낸다.

제93송

prasūtir harṣayati te vṛddhir nandayati prajāḥ ।
pravṛttir anugṛhṇāti nivṛttir upahanti ca ॥

誕應時咸喜탄응시함희　成長世皆歡성장세개환
大化利群生대화이군생　示滅興悲感시멸흥비감

탄생하실 때 모두가 기뻐하고
성장하실 때 세상이 다 즐거워하며
큰 교화로 중생을 이롭게 하시고서
적멸을 보이시니 모두가 슬픔 느끼네.

People rejoice at your birth,
they celebrate as you grow,
they benefit from your presence
and sorrow in your absence.

부처님이 탄생하심에 사람들이 기뻐하고
부처님이 성장하심에 사람들이 축하하며
부처님이 나타나심에 사람들이 이익 얻고
부처님이 안 계심에 사람들이 슬퍼합니다.

제94송

kīrtanaṃ kilbiṣaharaṃ smaraṇaṃ te pramodanam |
anveṣaṇaṃ matikaraṃ parijñānaṃ viśodhanam ||

讚詠除衆毒찬영제중독 憶念招欣慶억념초흔경
尋求發慧明심구발혜명 解悟心圓潔해오심원결

찬영하면 온갖 괴로움 제거되고
억념하면 경사스런 일 불러오며
심구하면[58] 밝은 지혜 일어나고
해오하면 마음이 원만하고 깨끗해지네.

To praise you removes faults,
to recollect you brings joy,
to follow you gives understanding,
to know you purifies the heart.

부처님을 찬송하면 허물이 사라지고
부처님을 그리워하면 환희심이 일어나며
부처님을 추구하면 깨달음을 얻게 되고
부처님을 알게 되면 마음이 정화됩니다.

58 심구尋求: 문자적으로는 찾아 구함의 뜻이나, 선정의 단계에서 한 가지 방향으로 사유하여 삼매(心一境)를 구함을 뜻한다.

제95송

śrīkaraṃ te 'bhigamanaṃ sevanam dhīkaraṃ param |
bhajanaṃ nirbhayakaraṃ śaṃkaraṃ paryupāsanam ||

遇者令尊貴우자령존귀　恭侍勝心生공시승심생
承事感福因승사감복인　親奉除憂苦친봉제우고

부처님을 만난 이는 존귀해지고
공손히 모시면 수승한 마음 생기며
받들어 섬기면 복의 인연 감응하고
가까이 받들면 근심과 고통 사라지네.

To approach you brings good fortune,
to serve you gives wisdom,
to worship you dispels fear,
to wait upon you bestows prosperity.

부처님을 친견하면 행운이 찾아오고
부처님을 섬기고 받들면 지혜를 얻게 되고
부처님을 찬탄 예경하면 두려움이 달아나며
부처님을 우러러 사모하면 번영을 누리게 됩니다.

제96송

śīlopasaṃpadā śuddhaḥ prasanno dhyānasaṃpadā |
tvaṃ prajñāsaṃpadākṣobhyo hradaḥ puṇyamayo mahān ||

尸羅具淸潔시라구청결　靜慮心澄寂정려심징적
般若圓智融반야원지융　恒沙福所集항사복소집

계율 구족해 심신이 청정하고
선정 구족해 마음이 맑고 고요하며
반야의 지혜가 원융하고
항하사 같이 수많은 복덕이 모인다네.

You are a great lake of goodness,
with waters purified by virtue,
surface calmed by meditation
and depths stilled by wisdom.

부처님은 복과 선이 가득한 큰 호수이니
그 물은 덕으로 청정하고
그 수면은 선정으로 잔잔하며
그 깊은 곳은 지혜로 평온합니다.

제97송

rūpaṃ draṣṭavyaratnaṃ te śravyaratnaṃ subhāṣitam |
dharmo vicāraṇāratnaṃ guṇaratnākaro hy asi ||

尊容及尊教존용급존교　及尊所證法급존소증법
見聞思覺中견문사각중　此寶最殊勝차보최수승

세존의 모습과 세존의 가르침
그리고 세존께서 증득하신 진리
보고, 듣고, 사유하며 깨닫는 중에
이 공덕의 보배가 가장 수승하여라.

Your form is a jewel to see,
your speech is a jewel to hear,
your teachings are a jewel to reflect upon.
Truly, you are a mine bearing the jewels of goodness.

여래의 모습은 보석같이 보이고
여래의 설법은 보석같이 들리며
여래의 가르침은 보석같이 반사되니
진실로 부처님은 공덕의 보석을 품은 광산입니다.

제98송

tvam oghair uhyamānānāṃ dvīpas trāṇaṃ kṣatātmanām |
śaraṇaṃ bhavabhīrūṇāṃ mumukṣūṇāṃ parāyaṇam ||

漂流作洲渚표류작주저　害已恒爲護해기항위호
怖者作歸依포자작귀의　引之令解脫인지령해탈

표류하는 자에게 섬이 되시고
해함을 받은 자에게 보호자 되시며
두려워하는 자에게 귀의처가 되시니
이들을 이끄시어 해탈로 인도하시네.

You are an island for those swept along by the flood,
a shelter for the stricken,
a refuge for those in fear of becoming,
a resort for those who aspire to liberation.

부처님은 홍수에 떠내려 온 자를 위한 섬이고
마음에 상처받은 자를 위한 피난처이며
존재의 두려움을 느끼는 자를 위한 귀의처이고
해탈을 갈망하는 자를 위한 의지처입니다.

제99송

satpātraṃ śuddhavṛttatvāt satkṣetraṃ phalasaṃpadā |
sanmitraṃ hitakāritvāt sarvaprāṇabhṛtām asi ||

淨戒成妙器정계성묘기　良田生勝果양전생승과
善友能饒益선우능요익　慧命由此成혜명유차성

청정한 계율로 오묘한 그릇 이루시고
좋은 밭으로 뛰어난 열매 열리게 하시며
선한 친구로 세상 이롭게 하셨나니
지혜의 생명, 이로 인해 이루어졌네.

To all living beings
you are a useful vessel because of your virtue,
a fertile field because of your perfect fruit,
a true friend because of the benefits you confer.

부처님은 모든 살아 있는 존재에게
청정한 공덕을 담은 유용한 그릇이고
원만한 열매 맺히는 비옥한 밭이며
이익을 주시는 진정한 친구이십니다.

제100송

priyas tvam upakāritvāt suratatvān manoharaḥ ǀ
ekāntakāntaḥ saumyatvāt sarvair bahumato guṇaiḥ ǀǀ

行恩及和忍행은급화인　見者咸欣悅견자함흔열
廣集仁慈心광집인자심　功德無邊際공덕무변제

은혜 베푸시고 온화하게 참으시니
보는 자 함께 기쁘고 즐거워하네.
인자하신 마음 널리 모으시니
그 공덕 끝이 없으시네.

You are admired for your altruism,
charming for your tenderness,
beloved for your gentleness
and honoured for your many virtues.

부처님은 당신의 이타심으로 찬미 받으시고
당신의 온화함으로 매력을 풍기시며
당신의 인자하심으로 사랑을 받으시고
당신의 수많은 공덕으로 예경을 받으십니다.

제101송

hṛdyo 'si niravadyatvād ramyo vāgrūpasauṣṭhavāt |
dhanyaḥ sarvārthasiddhatvān maṅgalyo guṇasaṃśrayāt ||

身口無過惡신구무과악　愛敬由之生애경유지생
吉祥衆義利길상중의리　咸依善逝德함의선서덕

몸과 말에 허물과 악이 없어
경애하는 마음 절로 솟아나고
길상과 갖가지 의로움과 이로움
모두 부처님의 공덕에 의지하네.

You are cherished because of your flawlessness,
delightful because of the goodness of your form and speech,
opulent because you promote the good of all,
and blessed because you are the abode of virtues.

부처님은 흠이 없으시기에 아끼고 사랑받으시며
부처님은 모습과 말씀이 훌륭하시기에 기쁨이 넘치고
부처님은 뭇 선을 촉진하시기에 풍요로우며
부처님은 공덕이 머무는 곳이기에 복됩니다.

제10장

인도하심을 찬탄함

[讚導頌]

In Praise of Guidance

제102송

sthāyināṃ tvaṃ parikṣeptā viniyantāpahāriṇām |
samādhātā vijihmānāṃ prerako mandagāminām ||

導師能善誘도사능선유　墮慢使翹勤타만사교근
等持調曲心등지조곡심　迷途歸正道미도귀정도

부처님은 세상 사람 잘 이끄시나니
게으름에 빠진 자는 부지런하게 하시고
마음이 굽은 자는 바른 마음으로 조복시키시며
길 잃은 자는 바른 길로 돌아오게 하시네.

You admonish the stubborn,
restrain the hasty and straighten the crooked.

부처님은 (집착하여) 완고한 자를 타이르시고
부처님은 (분노하여) 경솔히 행동하는 자를 제지하시며
부처님은 (삿된 견해로) 뒤틀린 자를 바르게 잡아 주십니다.

제103송

niyoktā dhuri dāntānāṃ khaṭuṅkānām upekṣakaḥ ।
ato 'si naradamyānāṃ satsārathir anuttaraḥ ।। 103

善根成熟者선근성숙자　　駕馭以三乘가어이삼승
慵 悷不調人용려부조인　　由悲故暫捨유비고잠사

선근이 성숙한 사람은
세 가지 수레로써 잘 이끄시고
용렬하여 잘 따르지 않는 사람은
자비심에 잠시 내버려 두시네.

You encourage the slow and harness the tamed.
Truly, you are the unsurpassed guide of men. (103)

부처님은 수행의 진척이 느린 사람은 격려하시고
잘 길들여진 사람을 잘 이끌어내시니
진실로 모든 이의 위없는 지도자이십니다.

제104송

āpanneṣv anukampā te prasvastheṣv arthakāmatā |
vyasanastheṣu kāruṇyaṃ sarveṣu hitakāmatā ||

於遭厄能設어조액능설　安樂勸善修안락권선수
悲愍苦衆生비민고중생　利樂諸群品이락제군품

재난을 만난 자에게 자선을 베푸시고
안락한 자에게 선법 닦을 것 권하시며
고통받는 중생에게 자비와 연민 베푸시니
모든 중생들을 이롭게 하고 즐겁게 하시네.

You have pity for the suffering,
good-will for the happy,
compassion for the distressed, benevolence for all.

부처님은 고통받는 자에게 동정을 베푸시고
행복한 자에게는 선법을 권하시며
근심걱정에 사로잡힌 자에게 연민을 베푸시고
모든 사람들에게 이익을 주려는 마음을 내십니다.

제105송

viruddheṣv api vātsalyaṃ pravṛttiḥ patiteṣv api |
raudreṣv api kṛpālutvaṃ kā nāmeyaṃ tavāryatā ||

違害興慈念위해흥자념　　失行者生憂실행자생우
暴虐起悲心폭학기비심　　聖德無能讚성덕무능찬

해치는 자에게 자애의 생각 일으키시고
그릇되게 행하는 자에게 염려하는 마음 내시며
포악한 자에게 자비의 마음 일으키시니
거룩하신 덕, 찬탄할 길 없어라.

The hostile evoke your warmth,
the immoral receive your help, the fierce find you tender.
How wonderful is your noble heart!

적대적인 자에게 온정을 일으키고
부도덕한 자에게 도움을 주시며
포악한 자에게 여래의 온유함을 알게 하시나니
고결하신 마음, 참으로 수승하셔라!

제106송

gurutvam upakāritvān mātāpitror yadīṣyate |
kedānīm astu gurutā tvayy atyantopakāriṇi ||

恩深於罔極은심어망극　擧世所咸知거세소함지
於此返生怨어차반생원　尊恒起慈愍존항기자민

이루 말할 수 없이 깊은 은혜
세상 사람들 모두 알고 있는데
이에 반하여 원망하는 마음 내어도
세존께선 늘 자비와 연민 일으키시네.

If father and mother are to be honoured
because of concern for their children,
what reverence should you receive who love has no limits?

자나 깨나 자식 걱정하시는
부모님께 공경을 드린다면
한없는 사랑을 베푸시는 당신께는
어떤 예경을 올려야 하오리까?

제107송

svakāryanirapekṣāṇāṃ viruddhānām ivātmanām ǀ
tvaṃ prapātataṭasthānāṃ prākāratvam upāgataḥ ǀǀ

亡身救一切망신구일체　自事不生憂자사불생우
於諸崩墮人어제붕타인　親能爲援護친능위원호

몸을 잊고서 일체중생 구하시며
당신 일에는 근심하지 않으시고
무너지고 타락한 사람들을
친히 돕고 보살피시네.

You are a wall of safety
for those hovering at the edge of the cliff,
those blind to their own welfare,
those who are their own worst enemy.

자신의 안녕에 눈먼 자와
자신에게 가장 나쁜 적이 되어버린 자와
벼랑 끝에서 머뭇거리는 자에게
부처님은 안전한 울타리가 되어 주십니다.

제108송

lokadvayopakārāya lokātikramaṇāya ca |
tamobhūteṣu lokeṣu prajñālokaḥ kṛtas tvayā ||

二世行恩造이세행은조　超過諸世間초과제세간
於闇常照明어암상조명　尊爲慧燈炷존위혜등주

두 세상에 은혜 베풀기 위해
모든 세간 벗어남 돕기 위해
세존께선 어둠 속에 늘 밝게 빛나는
지혜의 등불 심지 되시네.

For the welfare of the two worlds
and to help beings transcend them,
you lit the lamp of wisdom
among those who dwell in darkness.

인간과 천신 두 세계의 안녕을 위해
그 세상을 벗어나도록 돕기 위해
어둠 속에서 살아가는 사람들 가운데
부처님은 지혜의 등불을 밝히셨습니다.

제109송

bhinnā devamanuṣyāṇām upabhogeṣu vṛttayaḥ |
dharmasaṃbhogasāmānyāt tvayy asaṃbhedam āgatāḥ ||

人天所受用인천소수용　隨類有差殊수류유차수
唯尊正法味유존정법미　平等無差別평등무차별

인간과 천신이 받는 모든 과보
중생 따라 갖가지로 다르지만
오직 부처님 펴신 정법의 맛은
누구에게나 평등해 차별 없어라.

When worldly enjoyments are at stake,
men and gods act at variance with each other.
But because they can enjoy the Dharma in harmony,
they are reconciled in you.

세상의 쾌락이 위기에 처했을 때
인간과 천신은 서로 불화를 일으키지만
다르마를 조화롭게 향수할 수 있어
부처님 안에서 화해를 이룹니다.

제110송

upapattivayovarṇadeśakālaniratyayam ।
tvayā hi bhagavan dharmasarvātithyam idam kṛtam ।।

不觀於氏族불관어씨족　色力及年華색력급년화
隨有善根人수유선근인　求者皆蒙遂구자개몽수

사람들의 성씨와 집안, 용모와 힘
나이도 상관하지 않으시고
선근이 있는 사람이라면 누구라도
구하는 자 모두 소원 이뤄 주시네.

O Blessed One, you have given the comfort
of the Dharma unstintingly to all,
regardless of birth, age or caste,
regardless of time or place.

오, 세존이시여! 당신께서는
출생이나 나이, 혹은 사회계급에 상관없이
시간이나 장소에 관계없이
다르마의 위안을 모든 사람들에게 아낌없이 주셨습니다.

제111송

avismitān vismitavat spṛhayanto gataspṛhān |
upāsate prāñjalayaḥ śrāvakān api te surāḥ ||

廣現諸希有광현제희유　無緣起大慈무연기대자
聖衆及人天성중급인천　合掌咸親近합장함친근

여러 희유한 일 널리 나타내시고
인연 없는 대자비 일으키시니
거룩한 무리와 인간과 천신들은
합장하여 다가와 모두 친견하네.

As if amazed and envious
the gods honour with joined palms even your disciples,
who unlike them are free from amazement and envy.

마치 경탄하고 부러워하는 것처럼
천신들은 합장한 채 여래의 제자들조차 예배하지만
여래의 제자들은 그들과 달리
경탄과 부러움으로부터 벗어났습니다.

제112송

aho saṃsāramaṇḍasya buddhotpādasya dīptatā |
mānuṣyaṃ yatra devānāṃ spṛhaṇīyatvam āgatam ||

嗚呼生死畏오호생사외　佛出乃光暉불출내광휘
饒益諸衆生요익제중생　皆能滿其願개능만기원

오호라, 생사의 두려움이여!
부처님께서 광명을 비추시어
여러 중생들 이롭게 하시고
모든 이들 소원 들어 주시네.

Ah! How brilliant is the arising of a Buddha,
that cream of saṃsāra.
Because of him the gods envy mankind.

아! 붓다께서 세상에 오심은
이 얼마나 놀라운 일인가!
그것은 생사윤회의 빼어난 정화精華여라.
부처님 때문에 신들은 인간을 부러워합니다.

제11장

어렵게 행하심을 찬탄함

[讚難行頌]

In Praise of Arduous Deeds

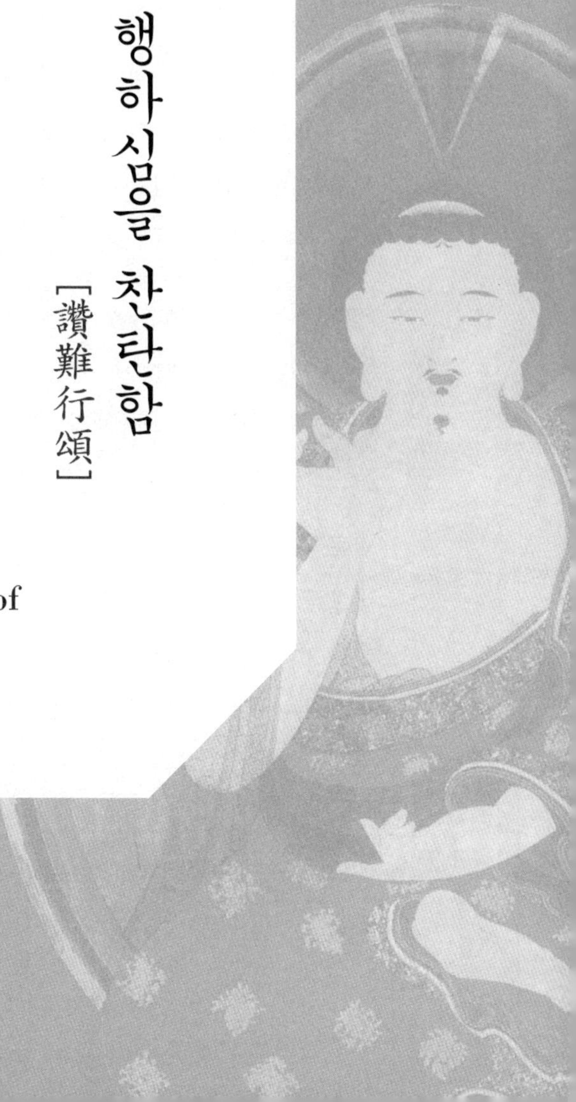

제113송

khedaḥ śamasukhajyānir asajjanasamāgamaḥ |
dvaṃdvāny ākīrṇatā ceti doṣān guṇavad udvahan ||

惡人與共處악인여공처 摧樂取憂危최악취우위
謗惱害其身방뇌해기신 猶如受勝德유여수승덕

악인들과 함께 어울려 지내시면서
즐거움 꺾으시고 근심과 위험 취하시며
비방과 괴롭힘으로 그 몸을 해치더라도
오히려 수승한 공덕을 받는 것 같이 여기셨네.

Fatigue, loss of the joy of solitude,
the company of fools, the press of the crowd
and the pairs of opposites: all these discomforts
you endure as if they were blessings.

피곤함 무릅쓰고, 홀로 있음의 즐거움 버리시고
바보들의 무리, 군중들의 압박과
온갖 반대되는 것의 짝[59]을 만날지라도, 이 모든 불편함을
부처님은 공덕처럼 여기시고 참아내십니다.

59 반대되는 것의 짝은 칭찬과 질책, 추위와 더위, 병과 건강, 편안과 불편 등을 말한다.

제114송

jagaddhitārthaṃ ghaṭase yad asaṅgena cetasā |
kā nāmāsau bhagavatī buddhānāṃ buddhadharmatā ||

爲物行勤苦위물행근고　曾無染著心증무염착심
世尊希有德세존희유덕　難以名言說난이명언설

만물 위해 부지런히 힘써 행하시나
일찍이 물들고 집착하는 마음 없으셨으니
세존의 희유하신 공덕
뛰어난 말로도 표현하기 어려워라.

With mind detached, you quietly work
for the welfare of the world.
How awesome is the Buddha-nature of the Buddha!

집착을 벗어난 마음으로 세상의 안녕을 위해
부처님은 묵묵히 일하시나니
부처님의 성품[60]은 얼마나 사람을 경외케 하는가!

60 불성(佛性, Buddha-dharmatā)은 불과佛果를 얻기 위한 인因으로서 일체중생에 갖추어진 종자를 말한다. 여기서는 문맥에 따라 부처님의 성품으로 번역했다.

제115송

kadannāny api bhuktāni kva cit kṣud adhivāsitā |
panthāno viṣamāḥ kṣuṇṇāḥ suptaṃ gokaṇṭakeṣv api ||

尊遊嶮惡道존유험악도　馬麥及牛鏘마맥급우장
苦行經六年고행경육년　安受心無退안수심무퇴

세존께선 험악한 길 다니시며
말 보리죽 드시고, 소 발굽 지난 길에 누우시며
육 년 동안 고행하셨지만
편안히 받으시고 물러나는 마음 없으셨네.

You ate poor food, sometimes you went hungry.
You walked rough paths and slept on the ground
trampled hard by the hooves of cattle.

부처님은 변변치 못한 음식을 드시고
때로는 굶주리시며, 험한 길을 다니시고
소 발굽이 지나간 땅 위에서도 주무셨습니다.[61]

61 여기서 언급한 것과 유사한 부처님의 지극히 힘들고 소박한 수행생활에 관해서는 『앙굿따라 니까야Aṅguttara Nikāya』, 1:34 참조.

제116송

prāptāḥ kṣepāvṛtāḥ sevā veṣabhāṣāntaraṃ kṛtam |
nātha vaineyavātsalyāt prabhuṇāpi satā tvayā ||

尊居最勝位존거최승위　　悲愍化群生비민화군생
縱遇輕賤人종우경천인　　身語逾謙敬신어유겸경

세존께선 가장 높은 자리 계셔도
자비와 연민으로 모든 중생 교화하시니
비록 비천한 사람을 만날지라도
몸과 말씀은 더욱 공경하고 겸손하시네.

Though you are the Master, in order to serve others
you endured insults and adapted your clothes and words,
out of love for those whom you taught.

부처님은 이 세상에서 가장 큰 어른이시지만
다른 사람들을 섬기기 위해서 온갖 업신여김 다 참아내시고
당신이 가르치신 이들을 사랑하시는 마음에
상황에 맞게 옷차림과 말씨를 바꾸십니다.[62]

62 『묘법연화경』「법사품」의 다음 문구를 참조. "대자비를 방으로 삼고, 부드럽고 화평한 인욕의 옷을 입고, 모든 법의 공함을 자리로 하여 이곳에서 법을 설하라(大慈悲爲室柔和忍辱衣 諸法空爲座 處此爲說法)."

제117송

prabhutvam api te nātha sadā nātmani vidyate |
vaktavya iva sarvair hi svairaṃ svārthe niyujyase ||

或位尊貴主혹위존귀주　曾無憍慢心증무교만심
屈己事衆生굴기사중생　卑恭如僕使비공여복사

또한 존귀한 자리의 주인이시지만
일찍이 교만한 마음 전혀 없으시고
당신 자신을 굽혀 중생을 섬기심이
마치 하인처럼 낮추고 공손하시네.

You are the Lord, but you never lord it over others.
All may use you as a servant to obtain the help they need.

부처님은 가장 존귀한 분이시지만
결코 다른 사람들에게 군림하지 않으시나니
모든 사람들은 당신을 하인처럼 부려
그들이 필요한 도움을 얻습니다.

제118송

yena kena cid eva tvaṃ yatra tatra yathā tathā |
coditaḥ svāṃ pratipadaṃ kalyāṇīṃ nātivartase ||

機情億萬種기정억만종　　論難百千端논란백천단
如來慈善音여래자선음　　一答疑皆斷일답의개단

중생들 근기가 억만 가지라
백천 가지로 꼬투리 잡아 논란하여도
여래께서 자비롭고 좋은 음성으로
한 번 답하시면 모든 의혹 다 끊어지네.

No matter who provoked you,
where or how, never did you transgress
your own path of fair conduct.

부처님은 당신을 화나게 하는 것이
누구일지라도, 어떤 곳, 어떠한 방식일지라도
당신 자신의 공정한 덕행의 길을
결코 거스르지 않으십니다.

제119송

nopakārapare 'py evam upakāraparo janaḥ ǀ
apakārapare 'pi tvam upakāraparo yathā ǀǀ

恩深過覆載은심과부재　　背德起深怨배덕기심원
尊觀怨極境존관원극경　　猶如極重恩유여극중은

하늘을 덮고 땅을 싣는 것보다 더 깊은 은혜
그 공덕 배반하고 깊은 원망 일으키지만
세존께서는 가장 지독한 원수조차도
오히려 가장 소중한 은인으로 여기시네.

You help those who wish you ill
more than most men
help those who wish them well.

부처님은 대부분의 사람들처럼
잘되라고 축복하는 사람을 돕기보다는
나쁘게 되길 바라는 사람을 먼저 도우십니다.

제120송

ahitāvahite śatrau tvaṃ hitāvahitaḥ suhṛt ।
doṣānveṣaṇanitye 'pi guṇānveṣaṇatatparaḥ ।।

怨於尊轉害원어존전해　尊於怨轉親존어원전친
彼恒求佛過피항구불과　佛以彼爲恩불이피위은

원수들은 부처님을 해롭게만 하지만
부처님은 원수들을 섬기기만 하시고
원수들은 부처님의 허물만 찾는데
부처님은 그들에게 은혜를 베푸시네.

To an enemy intent on evil
you are a friend intent on good.
To one who gleefully seeks faults
you respond by seeking virtues.

부처님은 악한 마음을 품은 적에게
친구로서 선한 마음을 품으시고
부처님은 흠잡는 일에 신난 사람에게
오히려 공덕을 찾아내어 주십니다.

제121송

yato nimantraṇaṃ te 'bhūt saviṣaṃ sahutāśanam |
tatrābhūd abhisaṃyānaṃ sadayaṃ sāmṛtaṃ ca te ||

邪宗妒心請사종투심청　毒飯與火坑독반여화갱
悲願化清池비원화청지　變毒成甘露변독성감로

삿된 외도들이 질투하는 마음 품고
독이 든 음식과 불구덩이를 청하나
연민과 서원으로 (불구덩이는) 맑은 연못으로 바꾸시고
독을 바꾸어 감로수 이루시네.

Those who sought to give you poison and fire
you approached with compassion and nectar.

독과 불을 주려고 하는 이들에게
부처님은 연민과 감로수로 다가가시니
불은 청량한 연못으로 바뀌고
독은 변하여서 감로수가 됩니다.

제122송

ākroṣṭāro jitāḥ kṣāntyā drugdhāḥ svastyayanena ca ǀ
satyena cāpavaktāraś tvayā maitryā jighāṃsavaḥ ǀǀ

以忍調恚怒이인조에노　眞言銷謗毁진언소방훼
慈力伏魔怨자력복마원　正智降邪毒정지항사독

인욕으로써 성내는 자 길들이시고
진실한 말씀으로 비방하는 자 녹이시며
자비의 힘으로 마구니의 원망을 조복시키시고
바른 지혜로 삿되고 악독한 자를 항복시키시네.

You conquered revilers with patience,
the malicious with blessings,
slanderers with truth and the cruel with kindness.

부처님은 인내로써 욕하는 자를 제압하시고
가피로써 악의 품은 자를 제압하시며
진리로써 비방하는 자를 제압하시고
자애로써 잔인한 자를 제압하십니다.

제123송

anādikālaprahatā bahvyaḥ prakṛtayo nṛṇām |
tvayā vibhāvitāpāyāḥ kṣaṇena parivartitāḥ ||

群迷從曠劫군미종광겁　習惡以性成습악이성성
唯尊妙行圓유존묘행원　一念翻令善일념번령선

미혹한 무리들은 오랜 세월 따라
악한 버릇 익혀 성품으로 굳어졌으나
오직 미묘한 행 원만하신 세존께서는
한 생각에 착하게 뒤바꾸셨네.

You reversed in an instant
the manifold natures and evil destinies
of those depraved from beginningless time.

무시이래로 타락해온 자들의
온갖 습성과 죄악의 운명을
부처님은 순식간에 뒤바꾸십니다.

제12장

선교방편을 찬탄함 [讚善巧方便頌]

In Praise of Skill

제124송

yat sauratyaṃ gatās tīkṣṇāḥ kadaryāś ca vadānyatām |
krūrāḥ peśalatāṃ yātās tat tavopāyakauśalam ||

溫柔降暴虐온유강폭학　惠施破慳貪혜시파간탐
善語伏麤言선어복추언　唯尊勝方便유존승방편

온유함으로 포악함을 항복시키시고
보시 베풀어 인색함을 깨뜨리시며
고운 말로 거친 말을 굴복시키심은
오직 세존만의 수승하신 방편이어라.

Through your skill in teaching the rough became gentle, the mean became generous and the cruel became kind.

부처님의 선교방편을 통해
거칠고 천박한 자는 점잖고 고상해지며
인색한 자는 아낌없이 베풀게 되며
흉악한 자는 친절한 자로 바뀝니다.

제125송

indriyopaśamo nande mānastabdhe ca saṃnatiḥ |
kṣamitvaṃ cāṅgulīmāle kaṃ na vismayam ānayet ||

難提摧巨慢난제최거만　鴦掘起慈心앙굴기자심
難調能善調난조능선조　誰不讚希有수불찬희유

난다의 큰 교만 꺾으시고
앙굴리마라에게 자비심 일으켜 주시며
다스리기 어려운 자 잘 다스리셨으니
뉘라서 희유하심 찬탄하지 않으랴.

A Nanda became serene, a Mānastabdha humble,
an Aṅgulimāla compassionate.
Who would not be amazed?

(세속적 사상으로) 산란한 난다는 차분해졌고
(자존심이 강했던) 마나스타바는 겸손해졌으며
(흉악한 살인자인) 앙굴리말라는 자애로워졌으니
그와 같은 변화에 누가 놀라지 않겠습니까?[63]

63 욕정에 빠진 난다와 '자존심으로 완고한 자'란 뜻의 마나스타바(摩那答陀)와 연쇄살인자인 앙굴리말라는 모두 부처님의 선교방편에 의해 회심(轉化)하게 되었다.

제126송

bahavas tṛṇaśayyāsu hitvā śayyāṃ hiraṇmayīm ।
aśerata sukhaṃ dhīrās tṛptā dharmarasasya te ।।

唯尊聖弟子유존성제자　法味自怡神법미자이신
草座以爲安초좌이위안　金床非所貴금상비소귀

오직 부처님의 거룩한 제자만이
법의 맛으로 절로 마음이 상쾌하여라.
풀로 된 자리에서도 편안하나니
황금 침상 귀히 여기지 않네.

Delighted with the flavour of your teaching,
many wise ones left their beds of gold
to sleep on beds of straw.

수많은 현자들은
부처님의 가르침이 주는 맛에 기뻐하여
황금 침상도 버리고
밀짚 침대에서 잠을 청하였습니다.

제127송

pṛṣṭenāpi kva cin noktam upetyāpi kathā kṛtā ।
tarṣayitvā paratroktaṃ kālāśayavidā tvayā ।।

善知根欲性선지근욕성　攝化任機緣섭화임기연
或有待其請혹유대기청　或無問自說혹무문자설

중생의 근기와 욕구의 성품 잘 아시어
근기와 인연에 따라 거두어 교화하시니
때론 청하기를 기다려 설법하시고
때론 묻는 이 없어도 스스로 설법하시네.

Because you knew time and temperaments,
sometimes you remained silent when questioned,
sometimes you spoke first, and at other times you aroused their interest and then spoke.

부처님은 때와 기질을 잘 알고 계시기에
질문을 받아도 침묵하실 때도 있고
먼저 말씀하실 때도 있는가 하면
그들의 흥미를 일깨운 다음 말씀하실 때도 있습니다.

제128송

pūrvaṃ dānakathādyābhiś cetasy utpādya sauṣṭhavam |
tato dharmo gatamale vastre raṅga ivārpitaḥ ||

初陳施戒等초진시계등 漸次淨心生점차정심생
後談眞實法후담진실법 究竟令圓證구경령원증

처음에는 보시와 계율을 설하시고
점차로 청정한 마음이 생기면
그 뒤로 진실한 법 말씀하시어
마침내 원만히 증득케 하시네.

Having first scrubbed clean the garment of the mind
with talk on generosity and other virtues,
you then applied the dye of the Dharma.

처음에는 보시와 다른 덕을 말씀하시어
마음의 겉옷을 깨끗하게 세탁하시고
그런 다음 부처님은 다르마로 물들이십니다.

제129송

na so 'sty upāyaḥ śaktir vā yena na vyāyataṃ tava |
ghorāt saṃsārapātālād uddhartuṃ kṛpaṇaṃ jagat ||

怖畏漂流處포외표류처　唯佛可歸依유불가귀의
勇猛大悲尊용맹대비존　拯濟諸群品증제제군품

윤회의 물살에 휩쓸린 곳에서 두려워할 때
오직 부처님만이 귀의처가 될 수 있나니
용맹하고 대자대비하신 세존만이
뭇 중생을 도와 제도하실 수 있다네.

There is no expedient or opportunity
which you did not use
in order to rescue this pitiful world
from the fearful abyss of saṃsāra.

부처님은 모든 방편과 기회를
자유롭게 사용하시어
윤회의 두려운 심연으로부터
이 비참한 세상의 사람들을 구해내시네.

제130송

bahūni bahurūpāṇi vacāṃsi caritāni ca ǀ
vineyāśayabhedena tatra tatra gatāni te ǀǀ

身雲遍法界신운편법계　法雨灑塵方법우쇄진방
應現各不同응현각부동　隨機故有異수기고유이

부처님 몸 구름처럼 법계에 두루하여
법의 비 내리시어 티끌세상 씻어 주시네.
감응해 나타나심이 각자 같지 않음은
중생들 근기 따라 다름이 있기 때문이라.

To train people in different situations,
according to their state of mind,
many and various were the words and deeds you used.

각자 다른 상황에 있는 사람들을 훈련시키기 위해
그들의 마음 상태에 따라
부처님은 다양한 여러 말씀과 행적을 사용하셨습니다.

제131송

viśuddhāny aviruddhāni pūjitāny arcitāni ca |

sarvāṇy eva nṛdevānāṃ hitāni mahitāni ca ||

善淨無違諍선정무위쟁　唯尊可承奉유존가승봉

廣利諸人天광리제인천　咸應興供養함응흥공양

선하고 청정하시며 어김과 다툼 없으시니

오직 세존만을 받들어 예경할지라.

사람과 천신 널리 이롭게 하시니

모든 중생들 부처님께 공양 바치네.

They were pure and friendly, honoured and praised,

saluted and acclaimed by both gods and men.

부처님의 말씀과 행동은

청정하고 우호적이라

인간과 천신으로부터

예경과 찬탄을 받고

경의와 갈채를 받습니다.

제132송

na hi vaktuṃ ca kartuṃ ca bahu sādhu ca śakyate |
anyathānanyathāvādin dṛṣṭaṃ tad ubhayaṃ tvayi ||

身口無起作신구무기작　善化遍群方선화편군방
所說妙相應소설묘상응　此德唯尊有차덕유존유

몸과 마음으로 짓지 않아도
여러 세계 두루 잘 교화하시고
설하신 법문, 미묘하게 상응하시니
이런 공덕 오직 세존께만 있으셔라.

Difficult it is to speak well and then do good.
But for you, O Truthful One, both these things come easily.

설법을 잘하고, 나아가
선행을 베푸는 것이 어렵지만
오, 진실하신 분이시여! 당신은
이러한 것들을 모두 쉽게 이루십니다.

제133송

kevalātmaviśuddhyaiva tvayā pūtaṃ jagad bhavet |
yasmān naivaṃvidhaṃ kṣetraṃ triṣu lokeṣe vidyate ||

久修三業淨구수삼업정　妙瑞現無邊묘서현무변
普觀諸世間보관제세간　曾無此勝德증무차승덕

오래 닦으신 세 가지 업 청정해
미묘한 상서 가없이 나투시나니
여러 세상 두루 살펴보아도
이런 수승한 덕 지닌 분 없어라.

By your purity alone
you could have cleansed the whole universe.
In the triple world no one is to be found like you.

오직 여래의 청정한 마음으로만
온 우주를 청정하게 만들 수 있으시니
삼계를 아무리 살펴보아도
부처님처럼 청정하신 분은 아무도 없습니다.

제134송

prāg evātyantanaṣṭānām anādau bhavasaṃkaṭe |
hitāya sarvasattvānāṃ yas tvam evaṃ samudyataḥ ||

況於極惡者황어극악자　純行最上悲순행최상비
廣利諸衆生광리제중생　勇猛勤精進용맹근정진

아무리 극악한 자에게도
순수한 최상의 자비를 행하시고
모든 중생 널리 이롭게 하시며
부지런히 용맹정진 하시네.

You rose up for the welfare of all beings
lost in the beginningless and fearful straits of becoming.

무시이래로 존재의 두려운 해협 속에서
자신의 본성을 잃어버린 모든 존재의 안녕을 위해
부처님은 왕성히 활동하셨습니다.

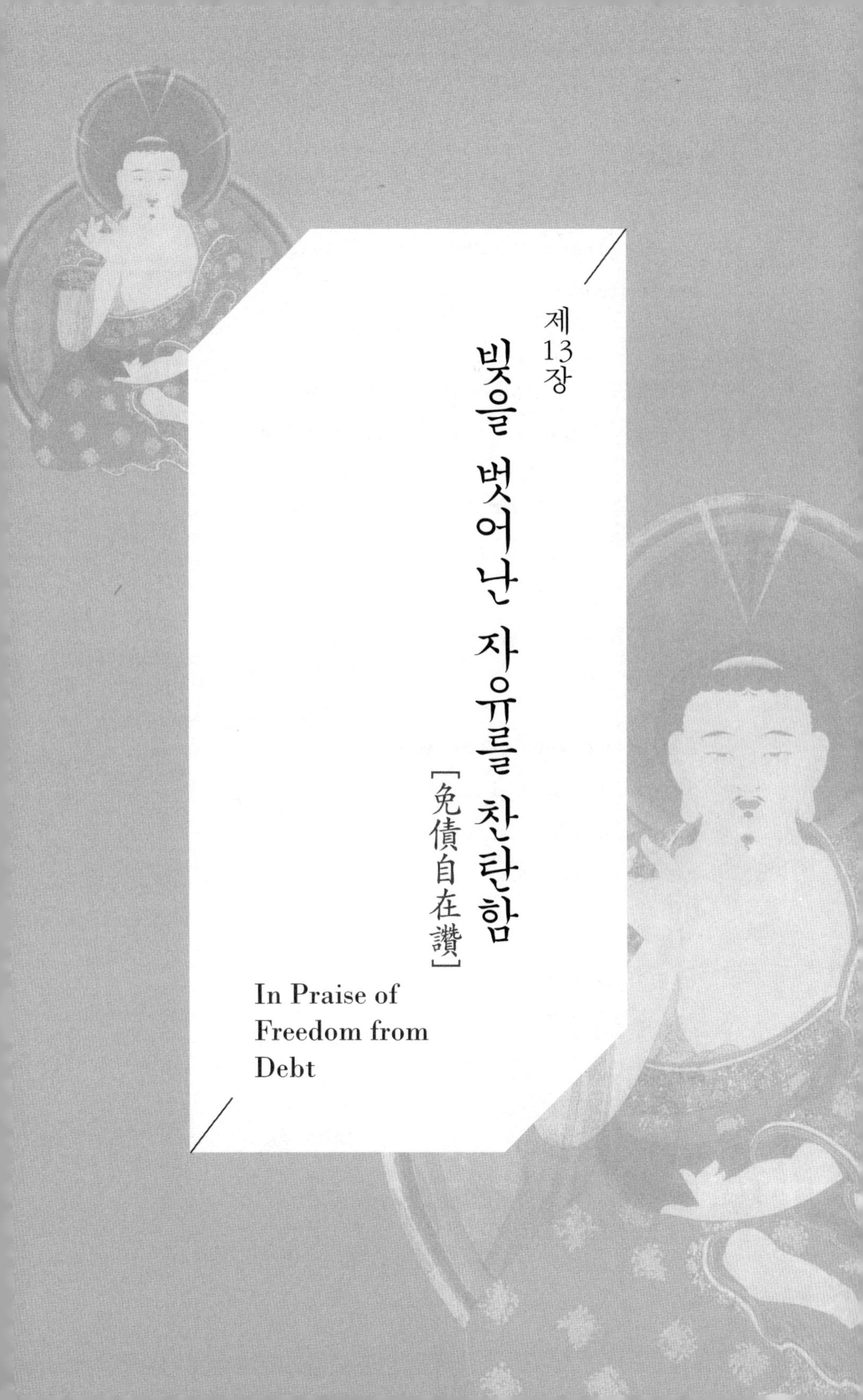

제13장

빚을 벗어난 자유를 찬탄함

[免債自在讚]

In Praise of Freedom from Debt

제135송

na tāṃ pratipadaṃ vedmi syād yayāpacitis tava ।
api ye parinirvānti te 'pi te nānṛṇā janāḥ ॥

聲聞知法者성문지법자　於尊恒奉事어존항봉사
設使證涅槃설사증열반　終名爲負債종명위부채

성문으로 불법을 아는 자
세존을 항상 받들어 섬기며
아무리 열반을 증득한다고 해도
끝내 그는 빚진 사람이라 불리네.

I know not how to repay you
for what you have done;
even those who have attained Nirvana
are still in your debt.

저는 부처님이 행하신 일에 대해
어떻게 보답할지 알지 못합니다.
열반에 도달한 사람들조차도
여전히 당신에게 빚진 이들입니다.

제136송

tava te 'vasthitā dharme svārtham eva tu kurvate |
yaḥ śramas tannimittaṃ tu tava kā tasya niṣkṛtiḥ ||

彼等諸聖衆피등제성중　爲己而修學위기이수학
由捨利生心유사이생심　不名還債者불명환채자

그와 같은 여러 거룩한 대중들
자신만을 위해 닦아 배웠을 뿐이라
중생을 이롭게 하는 마음 버렸기에
빚을 다 갚았다 말할 수 없네.

Established in the Dharma by you,
they accomplished their own welfare only.
But you worked by yourself for the welfare of all,
so how can you be repaid for that?

부처님에 의해 다르마 안에 안주하며
성문들은 자신의 안녕을 달성하였지만
부처님은 친히 모든 존재의 안녕을 위해 일하셨으니
어떻게 그 은혜에 보답할 수 있겠습니까?

제137송

tvaṃ hi jāgarṣi suptānāṃ saṃtānāny avalokayan ।
apramattaḥ pramattānāṃ sattvānāṃ bhadrabāndhavaḥ ॥

無明睡已覺무명수이각　悲觀遍群方비관편군방
荷負起翹勤하부기교근　聖善宜親近성선의친근

무명의 잠 그치도록 깨워주시고
자비관[64]으로 시방세계 두루 미치시며
무거운 짐 지고 부지런히 애쓰시니
마땅히 친근해야 할 거룩하고 선한 분이시라.

You look upon those who slumber and gently awaken them.
You are a kind and heedful friend to those who are heedless.

부처님은 잠자고 있는 사람들을 걱정하시어
그들을 부드럽게 흔들어 깨우시고
부처님은 마음이 흐트러진 사람들에게
인자하고 섬세한 친구가 되어 주십니다.

64 자비관은 고통받는 중생에 대해 평화를 기원함으로써 마음의 평화를 얻는 수행법으로, 주로 분노를 많이 지닌 사람들에게 권해진다. 자비관에 대한 상세한 내용은 아차리야 붓다락키따의 『자비관(Mettā)』(법륜시리즈 8, 고요한 소리)을 참조.

제138송

kleśānāṃ vadha ākhyāto māramāyā vighāṭitā |
uktaṃ saṃsāradaurātmyam abhayā dig vidarśitā ||

魔怨興惱害마원흥뇌해　佛力已能除불력이능제
無畏功德中무외공덕중　斯但顯少分사단현소분

마구니와 원수들이 해코지하고 괴롭혀도
부처님의 힘으로 능히 없애 주시나니
열네 가지 무외공덕 가운데
이는 단지 일부만 드러내신 것이라.

You have declared the destruction of the defilements,
you have exposed Māra's delusions,
you have taught the evils of saṃsāra,
you have revealed the place without fear.

부처님은 번뇌의 파괴를 선포하셨고
부처님은 마라의 기만을 폭로하셨으며
부처님은 윤회의 악함을 가르치셨고
부처님은 두려움이 없는 곳을 드러내 보이셨습니다.

제139송

kim anyad arthakāmena sattvānāṃ karuṇāyatā |
karaṇīyaṃ bhaved yatra na dattānunayo bhavān ||

悲心化一切비심화일체 聖意絶希求성의절희구
利樂無不施이락무불시 能事斯皆畢능사사개필

자비심으로 일체중생 교화하시나
거룩한 뜻으로 아무런 바람도 없으시며
이익과 즐거움 베풀지 않음이 없으시니
뛰어나게 이 모든 일 다 하시네.

Those who work for the welfare of the world
and those of compassionate heart, what could they do
wherein you have not already led the way?

세상의 안녕을 위해 일하는 자들과
연민의 마음을 지닌 자들은
부처님이 이미 그 길로 이끄시지 않았다면
무엇을 할 수 있겠습니까?

제140송

yadi saṃcāriṇo dharmāḥ syur ime niyataṃ tvayā |
devadattam upādāya sarvatra syur niveśitāḥ ||

如來勝妙法여래승묘법　若或可遷移약혹가천이
調達與善星조달여선성　不應投此敎불응투차교

여래의 수승하고 미묘한 법이
다른 사람에게 옮겨질 수 있다면
오악중죄 지은 제바달다와 선성비구
마땅히 이 가르침 버리지 않았으리라.

If your good qualities could be given to others,
surely you would have shared them with all, even with Devadatta.

여래의 선한 덕성이 남에게 제공될 수 있다면
부처님은 틀림없이 모든 존재와, 심지어 데바닷타와도
그것들을 공유하셨을 것입니다.[65]

65 데바닷타는 부처님의 사촌으로 승단의 분열을 조장하고 부처님을 살해하려고 기도한 인물이다.

제141송

ata eva jagannātha nehānyo 'nyasya kārakaḥ ।
iti tvam uktavān bhūtaṃ jagat saṃjñapayann iva ॥

無始流轉中무시유전중　互爲不饒益호위불요익
由斯佛出世유사불출세　開示化衆生개시화중생

무시이래로 유전하는 가운데
서로를 이롭게 하지 못한 까닭에
부처님께서 세상에 오시어
중생 교화하는 문 여시었네.

(영역본 없음)[66]

66 산스크리트 본의 최초 번역자인 Shackleton-Bailey는 141게송의 문법적인 특색 및 앞에 나온 원문의 상이함이 "그것의 진실성을 의심할 만한 충분히 강력한 이유"임에 주목하고서 142게송의 앞에 141게송을 넣었다. 따라서 영역자는 141게송을 삭제하기로 결정하였다. 그래서 범본과 한역본은 153게송이 있는 데 반해, 영역본은 152게송만 있다.

제142송

cirāya bhuvi saddharmaṃ prerya lokānukampayā ।
bahūn utpādya sacchiṣyāṃs trailokyānugrahakṣamān ॥

鹿苑度俱鄰녹원도구린　　堅林化須跋견림화수발
此土根緣盡차토근연진　　更無餘債牽갱무여채견

녹야원에서 교진여 처음 제도하시고
쌍림에서 수발다라 마지막 교화하시어
사바세계 인연중생 제도 마치셨으니
다시는 중생에게 갚아야 할 빚 없으셔라.

Many personal converts have you trained,
Subhadra being the last.
What still remains of your debt to living beings?

부처님은 찾아온 수많은 개종자들을 훈련시키셨고
수바드라가 마지막 개종자였으니
중생에게 갚아야 할 빚 무엇이 더 남아 있겠습니까?[67]

67 수바드라(須跋陀羅)는 부처님 임종 시에 마지막으로 가르침을 받아 제자가 되었다. 『장아함경(長阿含經, Dīgha Nikāya)』 II:149, 153 참조.

제143송

sākṣādvineyavargīyān subhadrāntān vinīya ca |
ṛṇaśeṣaṃ kim adyāpi sattveṣu yad abhūt tava ||

法輪久已轉법륜구이전　覺悟諸群迷각오제군미
恒沙受學人항사수학인　皆能利三有개능이삼유

법륜을 오랫동안 굴리시면서
미혹한 무리들을 깨우치시니
항하사만큼 많은 학인들 받아 지녀
모두 다 삼계를 이롭게 하였네.

Out of compassion for the world
you promoted the good Dharma for so long on earth.
Many disciples have you raised
capable of working for the welfare of the world.

세상 사람에 대한 연민으로 세상에 오셔서
오랫동안 사바세계에 계시며 선법을 펴셨습니다.
부처님이 가르치고 길러낸 무수한 제자들은
세상의 안녕을 위해 온힘 다해 공헌하였습니다.

제144송

yas tvaṃ samādhivajreṇa tilaśo 'sthīni cūrṇayan |
atiduṣkarakāritvam ante 'pi na vimuktavān ||

以勝金剛定이승금강정　自碎堅牢身자쇄견뢰신
不捨於大悲불사어대비　自化猶分布자화유분포

금강삼매의 수승한 힘으로
견고한 몸 스스로 부수시고도
대비심 버리지 않으시고
오히려 널리 세상을 교화하셨네.

Powdering your bones into tiny pieces
with the diamond of concentration,
even in the end you continued to do what was hard to do.

금강석과 같은 삼매의 힘으로
당신의 뼈를 갈아 가루로 만드시고
부처님은 해탈에서조차
하기 힘든 일을 계속 행하셨습니다.

제145송

parārthāv eva me dharmarūpakāyāv iti tvayā ǀ
duṣkuhasyāsya lokasya nirvāṇe 'pi vidarśitam ǀǀ

二利行已滿이이행이만　　色法兩身圓색법양신원
救攝一闡提구섭일천제　　雙林顯佛性쌍림현불성

나와 남 이롭게 하는 행 충만하시고
색신과 법신의 두 몸 모두 원만하시어
성불 종자 없는 중생까지 거두어 구하시며
쌍림에서 불성을 드러내셨네.

“My Dharma body and my physical body both exist
only for the sake of others.” Speaking thus
even in Nirvana you taught this reluctant world.

“나의 법신과 육신은
순전히 남을 위해 존재한다.”
부처님은 이와 같이 설법하시며, 열반에서조차
다루기 힘든 세상 사람들을 가르치셨습니다.[68]

---

68 이 게송과 다음 게송에서 부처님의 가르침(법신)은 사람들이 이를 이해·실천하는 한 지속되나, 육신의 몸은 죽어서 해체된다고 말한다. 『미란다소문경彌蘭陀所問經』에 관한 I.B. Horner의 토의(런던, 1963)를 참조.

제146송

tathā hi satsu saṃkrāmya dharmakāyam aśeṣataḥ ।
tilaśo rūpakāyaṃ ca bhittvāsi parinirvṛtaḥ ॥

悲心貫三有비심관삼유　　色像應群方색상응군방
粟粒以分身속립이분신　　爾乃居圓寂이내거원적

자비심은 삼계의 중생을 꿰뚫으시니
육신의 모습으로 여러 곳에 응하시고자
좁쌀처럼 무수히 몸을 나투시고
이에 원만한 열반 가운데 머무시네.

Having given your entire Dharma body to the virtuous,
you broke your physical body into fragments
and attained final Nirvana.

여래의 법신 전체를
고결한 사람들(아라한)에게 주시고
부처님은 육신을 부수어 가루로 만드시고서
마지막 열반(槃涅槃)에 도달하셨습니다.

제147송

aho sthitir aho vṛttam aho rūpam aho guṇāḥ ।
na nāma buddhadharmāṇām asti kiṃ cid anadbhutam ॥

善哉奇特行선재기특행　希有功德身희유공덕신
大覺諸法門대각제법문　世所未曾有세소미증유

거룩하여라, 기특한 행이여!
희유하여라, 공덕의 몸이여!
부처님의 모든 법문은
세상에 일찍이 없던 것이어라!

What steadfastness! What conduct!
What form! What virtue!
Truly there is nothing about the Buddha's qualities
that is not wonderful.

얼마나 확고한 삼매인가!
얼마나 뛰어난 수행인가! 얼마나 찬란한 상호인가!
얼마나 빼어난 공덕인가!
참으로 부처님의 덕성은 경이롭지 않음이 없네.

제148송

upakāriṇi cakṣuṣye śāntavākkāyakarmaṇi ।
tvayy api pratihanyante paśya mohasya raudratām ॥

流恩遍含識유은편함식　身語恒寂然신어항적연
凡愚背聖恩범우배성은　於尊興謗怒어존흥방노

중생에게 두루 은혜 미치시니
몸과 말씀 항상 고요하셔라.
어리석은 범부, 거룩한 은혜 등지고
부처님을 비방하고 분노 일으키네.

Yet even to you whose speech and actions are so helpful
are some men hostile. Behold the ferocity of delusion!

부처님은 이미 설법과 행적으로
그렇게 도움을 주고 계시건만
몇몇 사람들은 여전히 당신에게조차
적의를 품고 등을 돌립니다.
그 어리석음이 얼마나 포악한지 보십시오!

제149송

puṇyodadhiṃ ratnanidhiṃ dharmarāśiṃ guṇākaram |
ye tvāṃ sattvā namasyanti tebhyo 'pi sukṛtaṃ namaḥ ||

法聚寶藏眞無際법취보장진무제　德源福海實難量덕원복해실난량
若有衆生曾禮尊약유중생증예존　禮彼亦名爲善禮예피역명위선예

법의 무더기와 보배의 창고, 참으로 가없고
덕의 근원과 복의 바다, 실로 헤아릴 수 없네.
만약 어떤 중생이 일찍이 세존께 예경했다면
그 중생에게 예경함 또한 좋은 예경이라 한다네.

O ocean of good, treasury of gems,
heap of merit, mine of virtues!
Those who honour you are themselves worthy of honour.

오, 선善의 바다여, 보배의 곳간이여!
복의 무더기여, 공덕의 광산이여!
부처님께 예경하는 사람들은
그들 스스로 공경 받을 만한 가치가 있습니다.

제150송

akṣayās te guṇā nātha śaktis tu kṣayiṇī mama |
ataḥ prasaṅgabhīrutvāt sthīyate na vitṛptitaḥ ||

聖德神功無有盡성덕신공무유진　我今智劣喻微塵아금지렬유미진
欲讚如來功德山욕찬여래공덕산　望崖怯退由斯止망애겁퇴유사지

거룩한 덕과 신묘한 공 다함없으나
지금 저의 지혜 하열함은 티끌과 같아라.
여래의 태산 같은 공덕 찬탄코자 하나
벼랑 바라보고 겁내어 물러나 그칩니다.

Your virtues are limitless
but my capacity to praise them is not.
Therefore I shall finish, not because I am satisfied
but for fear of running out of words.

여래의 공덕은 끝이 없지만
그것을 찬탄하는 저의 능력은 그렇지 못합니다.
그러므로 만족해서가 아니라 말이 다 떨어질까 두려워
저는 이제 그만 붓을 내려놓으렵니다.

제151송

aprameyam asaṃkhyeyam acintyam anidarśanam |
svayam evātmanātmānaṃ tvam eva jñātum arhasi ||

無量無數無邊境무량무수무변경　難思難見難證理난사난견난증리
唯佛聖智獨了知유불성지독료지　豈是凡愚所能讚기시범우소능찬

그 경지, 한량없고 수도 없고 끝도 없으며
그 이치, 생각하기도 바라보기도 깨닫기도 어렵네.
오직 부처님 거룩한 지혜로만 홀로 아시니
어찌 어리석은 범부가 찬탄할 수 있으랴.

Only you can measure your own qualities
being as they are beyond measure,
beyond number, thought and comparison.

오직 부처님만이 부처님의 덕성을 알 수 있나니
그 덕성, 측량할 수가 없고
수로써 계산할 수도 없으니
사유를 넘어서고 비교할 수 없습니다.

제152송

na te guṇāṃśāvayavo 'pi kīrtitaḥ
parā ca nas tuṣṭir avasthitā hṛdi |
akarśanenaiva mahāhradāmbhasāṃ
janasya tarṣāḥ praśamaṃ vrajanti ha ||

一毫一相充法界일호일상충법계　一行一德遍心源일행일덕편심원
淸淨廣大喩芳池청정광대유방지　能療衆生煩惱渴능료중생번뇌갈

하나의 터럭, 하나의 모습도 법계에 가득차고
하나의 행, 하나의 공덕도 마음의 근원에 두루하도다.
청정하고 광대함이 향기 좋은 연못 같아
중생들의 번뇌와 갈증 능히 고쳐 주시네.

I have hardly begun to sing your praise
and yet already my heart is filled with joy.
But need a lake be drained before one's thirst be quenched?

저는 부처님을 찬탄하는 노래를 제대로 시작조차 못했지만
그런데도 저의 가슴은 벌써 기쁨으로 충만합니다.
허나 갈증을 풀고자 연못물을 다 마르게 할 필요 있사오리까?

제153송

phalodayenāsya śubhasya karmaṇo
muniprasādapratibhodbhavasya me |
asadvitarkākulamāruteritaṃ
prayātu cittaṃ jagatāṃ vidheyatām ||

我讚牟尼功德海아찬모니공덕해　憑斯善業趣菩提빙사선업취보리
普願含生發勝心보원함생발승심　永離凡愚虛妄識영리범우허망식

제가 고요한 성자, 공덕 바다 찬탄하였나니
이 선업에 기대어 보리도 향해 나아가리라.
두루 원컨대 중생들 수승한 보리심 발하여
어리석은 범부의 망심 영원히 여의게 하소서!

Through the merit arising from my good deed,
born of faith in the Sage,
may the minds of beings now tossed by evil thoughts
be free from distress and come to peace.

나의 선행에서 일어나고
성자에 대한 신심(prasāda)에서 생겨난 복덕을 통해
삿된 생각으로 요동치고 있는 중생의 마음이
부디 근심걱정에서 벗어나 편안함(śubha)에 이르게 하소서.

부록 I

산티데바Shantideva의 『대승집보살학론』(Siksha Samuccaya: 불교교리 모음집, 세실 벤달Cecil Bendall 영역, JOHN MURRAY, 1922) 가운데서 『일백오십찬불송』과 내용적으로 연관되는 부분을 발췌하여 게재한다. 마트리체타 존자의 『일백오십찬불송』 전체에 큰 물줄기로 흐르는 주제는 곧 부처님의 공덕신功德身을 찬탄하는 것이다. 이는 석가모니 부처님께서 입멸하신 후 부처님의 공덕과 가르침을 부처님의 몸(법신)과 하나로 연결 지워 부처님의 공덕신을 흠모하고 찬양하는 염불念佛 수행의 전통을 형성하는 데 큰 기여를 하였다. 따라서 역자는 『일백오십찬불송』의 이 같은 정신이 어떻게 후대에 계승되는지를 보여주기 위해 산티데바 존자가 저술한 『대승집보살학론』(위의 영역본)에서 부처님의 공덕신을 찬탄하는 게송을 소개하는 한편, 이에 대한 현대 학자의 주석을 인용함으로써 이를 『일백오십찬불송』에 대한 간략한 주석으로 대신하고자 한다.

부처님의 공덕신功德身과 염불

저는 부처님을 찬탄합니다.
여래의 몸은 빼어나고 몸의 빛깔이 황금과 같으며
얼굴은 깨끗하여 보름달처럼 환합니다.
저는 부처님을 찬탄합니다.
부처님은 지혜로 가득하고 아무런 흠도 없으며
이 세상에 비교할 이 아무도 없습니다.

여래의 머리카락은 부드럽고 아름다우며
여래의 손톱은 붉게 빛나고
정수리에 솟은 육계는 수미산과 같아
저는 그것을 볼 수 없습니다.
오, 고요한 성자시여!
여래의 양미간에는 둥근 모양의 터럭이 밝게 빛납니다.

여래의 사랑스럽고 아름다운 눈은
재스민, 조개껍질, 새하얀 눈 위의 물방울 같고
푸른 연꽃과 같습니다.
맑은 눈을 가진 정복자시여!
여래는 그와 같이 부드럽게 이 땅의 중생들을 바라보시나니
저는 부처님을 찬탄합니다.

여래의 혀는 길고 얇으며 붉은 빛인데
여래께선 입으로 그것을 감추시고
법을 설하시어 세상 사람들을 가르치시나니
저는 부처님과
여래의 감미롭고 아름다운 말을 찬탄합니다.

여래의 마흔 개 치아는 견고함이 금강석과 같고
고르고 치밀하며
미소 지어 세상을 가르치시나니
저는 부처님과

여래의 감미롭고 진실하신 말씀을 찬탄합니다.

여래의 모습은 비교할 자 없나니
정복자시여!
여래의 광명이 백천의 국토를 비춥니다.
세존이시여!
제석범천과 세상의 모든 수호자는
여래의 광명에 가리어 버립니다.

오, 세존이시여!
여래의 다리는 사슴의 다리처럼 가늘고
코끼리와 사자의 걸음걸이와 같으니
오, 세존이시여!
멍에 하나의 거리를 굽어보며
산자락을 안온하게 걸어갑니다.

세존이시여!
여래의 몸은 행운의 표상으로 뒤덮여 있고
피부는 부드러우며 빛깔은 황금과 같습니다.
여래의 모습은 견줄 것이 없어서
세상 사람들이 여래의 아름다운 모습을 바라보면
결코 물리지 않습니다.

부처님은 지난 세월을 통해

서원과 금욕을 이루셨으며
남을 이롭게 하고 자기를 관리하며 보시하는 일에 헌신하셨습니다.
여래의 마음은 모든 생명에 대해 자애와 연민을 지니셨나니
대비심을 지니신 분이시여!
저는 부처님을 찬탄합니다.

부처님은 항상 즐거이 보시와 공덕(보시)을 베푸시고
부처님은 즐거이 평온함(지계)과
굴하지 않음(인욕)과 확고한 자세(정진)를 유지하시며
여래는 명상(선정)과 지혜(지혜)의 광명을 지니셨나니
견줄 수 없는 지혜의 소유자이시여!
저는 부처님을 찬탄합니다.

부처님은 대중 가운데 사자후를 하시어
뛰어난 웅변력으로
삿된 견해를 정복하는 자이시고
부처님은 세 가지 독의 더러움으로 인한 죽음을
치유하시는 의왕醫王이시니
저는 사랑의 영감을 주시는 부처님을 찬탄합니다.

오, 고요한 성자시여!
삼계에서 몸과 말과 마음(三業)이 청정하여
연꽃처럼 더렵혀지지 않고 순결하십니다.
범천의 목소리를 지닌 분이시여!

여래의 목소리는 가릉빈가 같사오니
저는 삼계를 넘어서신 부처님을 찬탄합니다.

이 세상은 모두 환상처럼 변화하고
부처님은 그것이 연극무대 같고
꿈속의 일과 같음을 아시나니
자아(我)도 없고, 존재(人)도 없고, 수명(壽者)도 없으며
일체의 법은 신기루 같고
물에 비친 달과 같습니다.

공성空性과 평정의 진리를 알지 못하고
중생들은 생사에 유전流轉하나니
부처님은 중생에 대한 연민을 통하여
온갖 방편으로 그들을 구해내어
구원으로 이끄십니다.

세상이 온갖 욕정에 의해
혼란되어 있음을 아시니
오, 길상자시여!
여래는 위없는 의왕醫王처럼 다니시며
온갖 생명을 자유롭게 하십니다.

태어나서 늙고 죽음에 슬퍼함으로 인해 세상이 파괴되고
항상 사랑하는 것으로부터 이별하며

셀 수 없이 애도함으로 인해 세상이 병듦을 아시니
오, 고요한 성자시여!
여래는 당신의 연민으로 다니시며
그것을 자유롭게 하십니다.

수레바퀴처럼 모든 세계가
지옥·아귀·축생의 험악한 길로 유전하여
어리석은 자들이 스승의 인도함도 없고
피붙이의 도움도 없음을 불쌍히 여기시어
부처님은 그들에게 최상의 바른 길을 보여주십니다.
이것이 종전의 정복자, 의로운 세존, 그리고
이 세상, 선의 실행자인 분들이 이야기하신
오랜 시간 한결같이 거룩한 길이니
오, 견줄 수 없는 전능한 분이시여!
이것이 여래께서 거룩한 삶에 대해 보여주신
매력적이고 부드럽고 즐거운 최상의 수승한 길로,
최상의 기쁨을 일으킵니다.

【주해】 위 문장은 황금색의 몸을 포함한 주요 표징(32종)과 이차적 표징(80종호)을 인용하여 부처님의 육체적인 미를 찬양한다. 또한 부처님의 육체적인 특성은 그의 감정적·인지적 덕성에 밀접하게 연결되어 있음을 나타낸다. 예를 들면 부처님의 연꽃 같은 눈을 찬탄할 때, 이 게송은 또한 우리에게 이러한 눈이 연민으로 세상을

응시하고 있음을 상기시킨다. 부처님의 혀의 길이, 형태 및 색조를 칭송할 때 게송은 또한 부처님이 설법할 때 그의 목소리가 감미롭다고 선포한다. 부처님의 완전한 치아와 미소는 부처님께서 세상을 교화하시는 능력과 말씀의 감미로움과 진실함과 연관되어 있다. 부처님의 장딴지와 걸음걸이는 그 자체로 자기 규율의 증거로, 아래로 향하는 시선과 연관되어 있다. 이 문장은 "부처님을 기억함(buddhānusmṛti, 念佛)"이라 불리는 일반적인 명상을 설명하고 있다. 그래서 부처님을 기억하기 위해서는 모두 부처님을 한 분의 부처로 나타내는, 그의 육체적이고 감정적이며 인지적인 덕성들의 완전한 복합체를 마음으로 가지고 와야 한다. 우리의 목적을 위해 가장 중요한 점은, 부처님의 몸은 부처님의 마음(heartmind, citta)에 못지않게 헤아릴 수 없는 생애 동안 지은 덕행의 과보라는 것이다. 부처님은 몸과 도덕 간의 관계와 연관하여 다른 살아 있는 존재와 아무런 차이가 없다. 모든 몸은 단지 특별한 존재의 몸이 아니라 과거 행위의 과보이다. 불교에 따르면 어떤 일정한 생애에 어떤 종류의 몸을 가지느냐는 그 사람이 지은 업의 직접적인 결과이다. 좋은 업 또는 공덕은 수승한 몸을 낳고, 나쁜 업 또는 죄는 하열한 몸을 낳는다. 덧붙여 이들 몸은 불교 전통에서 과거 행위의 결과이고, 종종 현재의 도덕적 특징의 모습으로 표시된다. 부처님의 육체적 아름다움은 과거와 현재의 공덕의 표시이고, 종종 다른 살아 있는 존재의 몸의 경우와 동일하다.(출처: Susanne Mrozik, 『공덕신(Virtuous Bodies)』, 옥스퍼드대학 출판, 2007)

부록 II

붓다누사띠(佛隨念)

카마이 담마사미 스님(Venerable Dr. Khammai Dhammasami)이 쓴 『알기 쉬운 마음챙김 명상(Mindfulness Meditation Made Easy)』(옥스포드 불교사원Oxford Buddha Vihara, 1999년)에 대한 법문에서 제5장 「부처님에 관한 명상(Meditation on the Buddha)」을 저자의 출판 동의를 얻어 게재한다. 붓다누사띠Buddhānussati는 남방 상좌불교에서 이루어지고 있는 수행법의 한 갈래인데, 이 법문은 그중 여래 십호에 대한 명상을 다루고 있다. 우리 불자들에게 여래 십호의 명상은 일상생활 속에서 부처님의 공덕을 끊임없이 마음속에 새기며 이를 통해 자신의 신앙을 더욱 굳건히 하고 불교를 올바로 실천할 수 있는 토대를 마련해 준다. 따라서 이는 『일백오십찬불송』과 밀접히 연결된 명상법이라 할 수 있다.

1. 부처님의 덕성에 대해 깊이 생각함

아누사띠Anussati란 "다시 또는 반복해서"라는 뜻의 아누(anu −)와 "마음챙김"이란 뜻의 사띠sati의 두 단어가 결합된 말로, 다시 또는 반복해서 마음 깊이 새긴다는 뜻이다. 우리는 꽤 많은 사람들이 부처님의 덕성에 관해 기도할 때 종종 깊이 생각하는 시간을 갖지 않고서 염주를 돌리며 반복해서 여러 차례 아라항araham을 염송하는 것을 종종 본다. '아라항 아라항…….' 이처럼 단지 계속하여 빠르게 반복해서 염송한다면 깊이 생각할 시간이 없다. 결과적으로 아라항은 주문이 되어 버리는데, 그것은 주문이 되어서는 안 된다. "나모 따샤 바가와또 아라하또 삼마 삼붓다사Namo tassa bhagavato arahato samma sambuddhassa"는 주문이 아니다. 이 정형구는 그것을 깊이 생각하고 그것으로 인해 감화를 받아야 하는 기도문이다.

부처님은 매우 중요한 사람이시다. 지금 우리들은 부처님이 가르치신 담마(Dhamma, 佛法)가 결코 인격화되지 않았다는 사실을 너무나 잘 알고 있다. 그러나 그분의 인격은 인간이 이를 수 있는 최상의 성취임이 밝혀졌기에 그것은 대단히 중요하다. 부처님은 한 명의 인간으로 태어나셨고, 우리와 마찬가지로 고통을 겪으셨다. 식사를 하지 않으면 배고픔을 느끼셨다. 너무 오래 걸으면 피곤해하셨다. 그러나 부처님은 부단히 정진하여 자신의 힘으로 깨달음에 이르셨고, 인간 정화, 인간 노력, 그리고 인간 지혜, 즉 우주에서 최상의 성취에 대한 상징이 되셨다. 우리는 그것에 초점을 맞출 것이다.

붓다-누사띠는 깊은 생각에 잠기는 명상이다. 우리는 단순히 암송하는 것이 아니라 깊이 생각해야 한다. 우리가 "나모 따샤 바가와또 아라하또 삼마 삼붓다샤"를 암송할 때 우리 자신을 상기시킨다. 집단으로 염송할 때 이것은 단지 집단을 하나로 만드는 것에 불과하다. 너무 빨리 염송하면 깊이 생각할 시간이 없다. 우리가 해야 할 일은 아라하또가 무엇이고, 삼마 삼붓다샤가 무엇인지 공부하고, 그것을 깊이 생각하려고 노력하는 데 시간을 보내는 것이다. 이것이 깊이 생각하는 명상, 즉 아누사띠가 의미하는 것이다. 누구에게나 책을 통해 부처님을 공부하고, 담마에 관해 토론하며, 법담을 경청하는 것이 필요하다. 나는 9가지 덕성에 관해 아잔 칸티팔로Ajahn Khantipalo가 쓴 『부처님, 나의 귀의처(The Buddha, My Refuge)』와 B.아난다 마이트레야Ananda Maitreya 존자가 쓴 부처님의 9가지 덕성(The Nine Qualities of the

Buddha)을 읽어볼 것을 권한다. 이 책을 읽으면 보다 쉽게 붓다-누사띠 명상을 할 수 있을 것이다. 자신이 깊이 생각하고자 하는 덕성을 선택하여 그것을 정독하라. 규칙적으로 그것에 관해 깊이 생각해 보라. 부처님께서 이러한 덕성을 개발하기 전에 한때 속했던 평범한 인간의 일상생활의 문맥에서 그것을 바라본다면 각각의 덕성을 보다 잘 이해하게 될 것이다.

미얀마(버마)에서 몇몇 사람들은 단지 염주의 횟수를 헤아릴 뿐이고, 심지어 이 수행에 대해 미신적인 생각을 가지고 있다. 남방 상좌불교 신자 가운데 미얀마인은 다른 나라의 불교도보다 염주를 더 많이 굴린다. 그들은 생일날이나, 예를 들면 일요일과 같은 특정일에 특정 숫자를 헤아려 염주를 굴리고, 그 주의 나머지 날에는 자기 마음대로 어떤 나쁜 짓이라도 다 저지른다. 그들은 분명히 그런 인상을 준다. 오늘날 그 점에서 미얀마나 다른 불교 국가에서도 주로 염주를 굴리며 주문처럼 염송하는 기도가 널리 행해지고 있다.

나의 조국인 미얀마(버마) 연방, 산Shan 주州에서는 당시 "나모 따사 바가와또 아라하또 삼마 삼붓다사"란 문장을 자신의 몸에 문신으로 새긴 대만 사람들이 몇몇 있었다. 그것이 의미하는 것은 문신을 위해서가 아니라 깊이 생각하기 위한 것이다. 나는 그와 같은 것을 장개석 총통이 이끈 중국 국민정부 부대 출신 노병사의 강제 문신과 비교하지 않을 수 없다. 그 병사는 모택동에 의해 패배한 그들의 총통에 의해 버려져서 1949년에 대만으로 탈주하였다. 그들이 체포되자 국민정부는 캠프에 사람을 잠입시켜 전쟁이 끝난 후 그들에게 중국으로 돌아가지 말 것을 설득하였다. 전하는 바에 따르면, 그들이 거부하자 "타도 공산도당!"이라고 선언하게 하고 강제로 문신을 새겼다고 한다. 그들이 반공산

주의의 신조를 이해했을 것으로 보이지 않자, 강제적으로 반공산주의 선언을 문신으로 새긴 것이었다. 그것은 어떠한 목적에도 기여하지 못하였다. 당신은 빨리 암송하는 대신에 천천히 암송하면서 그것에 관해 깊이 생각하여야 한다. 그것이 정확한 수행 방식이다.

우리가 일반적으로 부처님의 덕성으로 이해하는 것은 초기 불교의 수많은 대론對論에서 다음과 같은 시구(stanza)로 묘사되고 있다.

Itipi so bhagava araham, 이띠삐 소 바가와 아라항
이처럼 그분, 세존께선 바로 아라한(應供)이시며,
samma-sambuddho, 삼마 삼붓도
완전히 깨달으신 분(正等覺者 또는 正遍知)이시며,
vijja-carana sampano, 윗자짜라나 삼빤노
지혜와 실천을 구족하신 분(明行足)이시며,
sugato, 수가또
피안으로 잘 가신 분(善逝)이시며,
lokavidu, 로까위두
세상을 잘 알고 계신 분(世間解)이시며,
anuttaro purisa dhamma sarathi, 아눗따로 뿌리사 담마사라티
사람을 잘 길들이시는(調御丈夫) 가장 높으신 분(無上士)이시며,
sattha deva-manussanam, 삿타 데와 마누사낭
천신과 인간의 스승(天人師)이시며,
buddho, bhagava. 붓도 바가와
깨달으신 분, 세존이시다.

이 시구에는 부처님의 9가지 중요한 덕성이 모두 다 들어 있다. 빨리어로 9가지 덕성은,

① 아라항araham,

② 삼마-삼붓도samma-sambuddho,

③ 윗자짜라나-삼빤노vijjacarana-sampanno,

④ 수가또sugato,

⑤ 로까위두lokavidu,

⑥ 아눗따로-뿌리사-담마사라티anuttaro-purisa-dhammasarathi,

⑦ 삿타데와-마누사낭satthadeva-manussanam,

⑧ 붓도buddho,

⑨ 바가와bhagava이다.

몇몇 나라에서는 부처님의 덕성은 무한하고 그 덕성은 계속해서 무한히 깊이 생각할 수 있다고 말한다. 그러나 모든 무한한 덕성들은 이들 9가지에 다 포함된다. 수행을 계속해 나감에 따라 당신은 그러한 덕성이 부처님에게는 있지만 당신 자신에게는 없음을 알게 된다. 매일매일 자신의 감정적인 단점을 보다 더 알아차리게 되지만, 놀랍게도 이와 같이 자신의 단점을 알아차려도 당신을 우울하게 만들지는 않는다. 오히려 부처님께 대한 믿음이 당신에게 증가될 것이다. 당신은 이제 그러한 덕성이 당신 자신에게는 없음을 알고서 부처님에게 그것이 있다는 사실과 연관시킬 수 있기 때문에 각각의 부처님의 덕성이 지닌 의미에 점점 더 생각이 유연해질 수 있다. 달리 말해 각각의 덕성의 의미가 당신 자신의 것이 되고, 당신 자신의 마음으로부터 나오며, 더 이상 책이나 대화로부터 배운 것이 아니다. 일단 당신이 당신 자신의 문맥에서 그것들의 참된 의미를 깨닫기 시작하면 그것들은 보다 생생해

지고 그 의미가 충만해질 것이다. 이제 빨리어 시구에 나오는 9가지 덕성을 간략히 논의해 보자.

1) 아라항(아라한, 應供)

아라항(또는 아라하트)은 몇 가지 의미를 갖는다. 첫째, 부처님은 모든 번뇌를 뿌리 뽑으셨다는 뜻이다. 번뇌는 일상의 언어로 화, 근심, 증오, 좌절, 스트레스, 우울, 무지, 질투, 험담, 집착, 교조주의 등과 같은 나쁜 생각, 나쁜 반응을 의미하는데, 부처님은 이들 모두를 제거하셨다. 번뇌가 없다는 것은 좌절도 근심도 우울함도, 그리고 여타의 그 어떤 건전치 못한 생각도 여의었다는 뜻이다.

매일의 생활경험을 부처님의 덕성과 어떻게 연관시킬 수 있는지를 예로 들면 이렇다. 마음속에 집착이 있음을 발견할 때 당신은 '아, 나에겐 집착이 있지만 부처님은 집착이 없으셨다'라고 깊이 생각한다. 우리가 실망하게 될 때 부처님은 결코 실망하지 않으셨다는 사실을 떠올린다. 우리는 매일매일 살아가는 가운데 스트레스와 좌절을 경험하지 않고서 하루도 지나치는 법이 없다. 우리는 일터에서 종종 불안감을 느낀다. 이 경우 자신의 불안감을 정당화하지 말라. 대신에 부처님은 가장 어려운 환경에서조차도 흔들리지 않으셨다는 사실을 회상하라. 부처님께서는 심지어 당신의 제자들조차도 납득시킬 수 없는 때도 있었다. 수행자들은 이따금 그를 무시하였다. 청중들이 세존께서 말씀하신 것을 납득하지 못하고 그저 항의하며 자리를 떠난 적도 있었다. 예를 들면 『맛지마 니까야Majjhima-nikaya』의 첫 번째 경을 참조하라. 또한(최초의 제자가 될 뻔한) 우빠까Upaka와 라다Radha의 경우를 보라. 부처님께서도 그 같은 상황에 직면하여야 했지만 사람들을 고통으로부터 벗어나도록 돕겠다는 그의 사명감에서 이러한 장애로 인해 방해받지 않았다는 사실을 기억한다면, 그것은 큰 위안이자 버팀목이 된다. 부처님은 결코 감정적으로 실망하지도 좌절하지도 않았다. 이것이 부처님의 덕성에 관해 깊이 생각하는 방식이다. 부처님은 당신 자신의 덕성으로 우리를 감화시키신다. 부처님은 모든 번뇌를 제거하셨기 때문에 아라한이라 불린다.

아라한의 두 번째 의미는 비밀이 없는 사람인데, 부처님은 누구에게도 비밀이 없어 숨길 것이 없었다. 그 분은 모든 이에게 온전히 열려 있었다. 함께 앉았다 걷다 하며 길을 가는 네 사람이 있었다. 잠시 후 한 사람이 자리에서 일어나 떠났다. 그 일이 일어난 직후 나머지 세 사람은 때때로 그는 쓸모없다며 그에 관해 험담을 하기 시작했다. 그들이 말한 것을 그에게 숨기고 싶어서 그가 없는 자리에서 이야기하였다. 그 일이 있은 후 오래지 않아 또 다른 사람이 자리에서 일어나 떠났다. 남아 있는 두 사람은 그가 어리석다고 말하면서 그에 관해 이야기하기 시작했다. 이어서 두 사람이 헤어질 시간이 되었을 때 그들은 일찍 떠난 다른 두 친구에 대해 험담을 하고 있었다는 사실을 문득 깨닫게 되었다. 그래서 서로를 가리키며 동시에 "내가 떠날 때 나에 관해 험담하지 말게!"라고 말했다.

우리 모두는 수많은 비밀을 가지고 있지만, 부처님은 청정한 생활을 하셨기에 전혀 비밀이 없으셨다. 부처님은 도덕적으로 청정하셨으니, 행동이 청정하고 언행이 청정하며 생각이 청정하셨다. 데바닷따Devadatta처럼 그에 대해 음모를 꾸미는 사람들을 향해서조차 보복을 원치 않으셨다. 한 사람이 다른 사람에 대해 보복을 하려는 마음이 있다면, 그를 해치려는 다른 사람을 용서할 것인가라는 질문을 받는 경우에 단지 관대한 척하며 "예, 그렇습니다"라고 답한다면 그는 단지 그의 감정을 숨기고 있을 뿐이다. 그 사람은 자신에게 진실하지 못하다. 우리가 이와 같은 사람들 또는 상황을 만날 때 우리는 비밀을 유지할 필요를 뛰어넘으신 한 분, 아라한이신 부처님의 덕성에 관해 깊이 생각하여야 한다. 완전하게 열린 사회, 그것이 부처님께서 원하셨던 사회이다. 부처님은 민주적일 뿐만 아니라 완전히 열려 있고 투명한 사회를 꿈꾸셨다. 아라한은 공동체에 자신의 사생활을 내맡기는 것에 개의치 않는다. 이는 공동체의 구성원들이 마음을 열고 서로 친밀해지는 것을 돕는다. 그러나 우리의 경우 그렇게 하는 것을 매우 꺼려 한다는 사실을 당신은 알고 있다.

아라한이란 단어를 반복하는 가운데 당신은 동시에 부처님께서 가지고 계셨지만 당신은 갖지 못한 덕성을 비교하며 계속 깊이 생각할 것이다. 염주를 사용할 수도, 사용하지 않을 수도 있다. 염주는 마음집중을 돕는 도구에 불과하다. 그것에 결부되어 있는 미신은 없다. 몇몇 사람들은 점성술사의 계산에 따라 (염주를 만들) 나무를 고르기도 한다. 그렇게 계산해서 염주를 만들면, 그것이 기적을 일으켜 자신에게 도움을 줄 것이라 느낀다. 그러나 이런 사람들은 부처님의 덕성에 관해 깊이 생각하는 핵심을 실제로 이해하지 못하는 것이다.

2) 삼마-삼붓도(완전히 깨달으신 분, 正等覺者)

이것은 스승으로부터 어떠한 도움 없이 사성제四聖諦를 발견하고 완전히 이해하신 분을 뜻한다. 우리가 읽었고, 들었으며, 생각한 사성제는 여전히 그것을 완전히 이해하는 데 어려움이 있다. 둑카(dukkha: 고통, 苦)란 무엇인가? 삼마 사티(samma sati: 바른 마음챙김, 正念)란 무엇인가? 삼마 사마디(samma samadhi: 바른 집중, 正定)란 무엇인가? 삼마 아지와(samma ajiva 바른 생계, 正命)란 무엇인가? 사람들은 여전히 이것들에 대해 질문하고 있고, 여전히 그것들을 설명하려 애쓰고 있다. 내게도 그것들은 여전히 그 어느 것도 완전히 확실하지 않다. 내게 이것들을 되풀이하여 가르쳐주셨던 스승들에 대해 생각할 때, 그 가르침에도 불구하고 나는 여전히 그 가운데 몇 가지에 대해서 확신하지 못하고, 따라서 부처님의 지성과 지혜를 경외하고 있다. 나는 부처님께서 어떠한 스승의 도움 없이도 어떻게 혼자 직접 이들 가르침 모두를 발견하셨는지에 대해 깊이 생각해 본다. 부처님은 진정으로 깨달은 분이셨다. 부처님은 직접적인 경험을 통해서 사성제를 깨치셨다. 부처님은 스스로 깨달음에 이르고 스스로 변화되는 사람에 대한 최상의 본보기이시다.

3) 윗자-짜라나-산빤노(지혜와 실천을 구족하신 분: 明行足)

윗자-짜라나-산빤노는 부처님은 지식과 행동 또는 이론과 실천을 둘 다 구족하신 분이라는 뜻이다. 부처님은 행하시는 대로 말씀하시고 말씀하신 것은 행하셨다. 이 세상의 왕과 지도자들은 무엇을 공개리에 발표하거나 말하였어도 오래지 않아 그것을 부인하고 그 말을 지키지 못하며 약속을 깨는 것이 다반사다. 이와 같은 점에서 볼 때, 당신은 부처님께서 소유하고 계신 위자-짜라나-산빤노의 덕성이 얼마나 위대한지 깨닫게 된다. 몇몇 사람들은 이론은 알고 있지만 그것을 실천에 옮기지 못한다. 그들은 과감히 여행에 나서지 못한 채 단지 지도만 공부하는 사람과 같다. 몇몇 사람들은 줄곧 지도를 보지 않고 여행길에 나서 결국 길을 잃어버리고 만다. 부처님은 지도를 보시고, 경로를 아시면서 여행을 하셨다. 부처님은 온전히 신뢰할 수 있는 분이셨다. 이것이 부처님께서 사람들에게 그가 말씀하신 것을 맹목적으로 믿지 말고 비판적으로 공부하도록 초청하신 이유이다. 그것이 바로 불교를, 단순히 누군가를 믿고 있는 종교가 아니라 실제로 스스로 찾고 있는 진리가 되게 하는 이유이다.

4) 수가또(피안으로 잘 가신 분: 善逝)

수가또는 바른 말을 선택하고 바른 때에 그것을 말하는 기술에 숙련되고, 그와 같은 식으로 청중을 이롭게 하는 위대한 강사를 말한다. 부처님은 설법의 스승이셨다. 때때로 우리들은 좋은 의도로 말을 하지만 단어를 잘못 선택하여 본래 의도가 잘못 이해되는 경우가 있다. 때때로 사람들은 "아주 좋아요! 정말로 멋져요!"라고 듣기 좋은 말을 하지만 그 진정성이 의심을 받는 경우도 있다. 언행이 서로 일치하지 않는 것을 볼 때마다 우리는 집에서, 일터에서, 또는 어느 곳에서든 부처님의 덕성, 수가또에 관해 깊이 생각할 수 있다(제75송 참조).

수가또의 다른 의미는 부처님은 목적에 이르는 최상의 길인, 고통(둑카)으로부터 자유에 이르는 길을 걸어가신다는 것이다. 명상을 하면 통증이 일어날 때 둑카를 증가시키지 않고 통증을 관찰할 수 있지만, 대부분의 사람들은 통증 또는 고통을 인격화(자기화)하고 그것을 집착과 아만(我慢, mana)을 통하여 잘못 인지한다. 부처님은 사물(things: 인지되고 알려지고 생각되어 그 자체로 현존하는 존재)을 잘못 해석하는 이 길을 피하고 바른 길을 따르셨다. 부처님께서 선택하신 것은 고통으로부터 자유로워지는 바른 방식으로 사물을 다루셨다는 것이다. 대부분 우리들이 선택하는 것은 고통에다 더 많은 것을 덧붙이는 정반대의 길을 걸어갈 뿐이다. 부처님은 잘 가신 분으로, 자유의 길을 걸으셨고, 정신적 고통으로부터 해방되셨다.

5) 로까위두(세상을 잘 알고 계신 분, 世間解)

로까위두는 세상을 잘 아시는 분이다. 로카는 무엇을 뜻하는가? 이 세상에는 눈으로 보는 세상(眼界), 귀로 듣는 세상(耳界), 냄새로 맡는 세상(鼻界), 맛으로 보는 세상(舌界), 촉감으로 느끼는 세상(觸界), 그리고 마음으로 생각하는 세상(意界)의 여섯 가지 세상이 있다. 이들 여섯 가지 이외에 다른 세상은 없다. 부처님은 그런 세상이 어떻게 일어나고 그치는지 이해하고 계신다. 부처님은 이들 세상에서 어떻게 대립과 조화가 일어나는지 알고 계신다. 부처님은 사람들이 왜 그런 세상에 갇히거나 자유로울 수 있는지 그 이유를 알고 계신다. 그래서 부처님은 로까위두(세상을 잘 아시는 분)라 불린다. 우리가 세상을 이해하고 있을 때, 그것과 조화되고 그것을 있는 그대로 받아들이며 그에 따라 살 수 있다. 깨달음에 이르지 못한 존재는 항상 세상과 싸우고, 있는 그대로의 세상을 받아들일 수 없다.

6) 아눗따로 뿌리사담 마사라티(사람을 잘 길들이시는 가장 높으신 분, 無上士調御丈夫)

아눗따로 뿌리사담 마사라티는, 부처님은 제멋대로 행동하는 사람을 집으로 돌아가게 하실 수 있는 최상의 스승이라는 뜻이다. 부처님이 총 5일간에 걸쳐 다섯 명의 금욕수행자들에게 그의 첫 설법을 베푸셨을 때처럼 단 한 문장, 혹은 전체 시리즈의 법문을 통해서 듣는 이를 이해시킬 수 있으셨다. 우리들은 아이들에게 어떻게 사물을 가르치거나 설명할 것인가의 문제에 직면할 때마다 부처님의 이러한 덕성에 관해 깊이 생각하여야 한다. 부처님은 이러한 것에 얼마나 유능하셨는가!(제 67송 참조)

이러한 덕성을 설명하고 있는 사례는 수없이 많다. 청소부로 일하고 있었던 매우 낮은 계급 출신의 사람이 있었다. 부처님은 탁발 길에 그와 마주치고서 그에게 사성제를 설명하실 수 있었다. 부처님은 또한 이들 네 가지 거룩한 진리를, 부유한 브라만 계급의 아들로 잘 교육받았고 이전에 다른 종교 출신인 뛰어나고 지적인 승려인 사리푸타Sariputta 존자에게 설명하실 수 있었다. 부처님을 제쳐놓고 사리푸타는 부처님 당시에 지혜 제일로 가장 존경받는 분이 되었다. 부처님은 또한 그의 이복형제인 난다 왕자에게 상담하는 방법을 이해하고 계셨다. 난다 왕자는 결혼 당일에 사원으로 보내졌는데, 그곳에서 그는 새 신부를 애타게 그리워하였다. 부처님은 그에게 천상의 소녀를 보여 주셨다. 난다는 이들 훨씬 더 예쁜 처녀들을 갈망하게 되었고, 기도를 하면 이들 소녀 중 한사람의 손으로 도움을 받을 것이라 믿고서 진지하게 기도하기 시작하였다. 이 기도는 결국 그에게 담마(damma, 佛法)를 발견하게 이끌었고, 이를 통해 그는 그런 것에 대한 갈망을 없앨 수 있었다.

또 다른 예로는 반기사Vangisa라는 이름을 가진 한 남자로, 그는 자신의 계급에서 가장 영리하였고, 좀 더 영리한 사람을 볼 기회가 있을 때마다 그 사람과 경쟁하려 했다. 그러나 그는 한 번도 그에게 충격을 줄 수 있는 사람을 만나지 못했었다. 어느 날 그는 부처님의 제자 중 한 사람과 만났고 그에게 말을 걸었다. 그가 질문하자, 그 승려는 "답을 아시길 원한다면 승려가 되십시오"라고 대답하였다. 그는 닙바나(Nibbana, 열반)를 달성하기를 원하지 않았기 때문에, 일단 그 답을 알고 나서 승림僧林을 떠날 의도로 승려가 되기로 결심하였다. 마침내 부처님께서 담마를 가르치는 방식으로 인해 그는 아라한의 경지에 이르렀고, 결코 세속의 삶으로 돌아가지 않았다.

부처님은 자신의 어머니를 죽여 천 번째 희생자로 삼으려고 한 극악무도한 연쇄살인범인 앙굴리마라Angulimala도 정신을 차리게 하셨다. 이러한 사례들은 부처님께서 각기 다른 성격과 지적인 상태를 가진 사람들에게 담마를 얼마나 효과적으로 가르칠 수 있었는지, 교사로서 그의 재주가 얼마나 남달랐는지 잘 보여준다.

한때 부처님께서 탁발을 하러 나서셨는데 마침 수확하는 철이라, 그들의 부유한 지주로부터 배급으로 쌀을 받고자 줄지어 서 있는 오백 명의 소작인들과 마주쳤다. 부처님께서도 그 줄에 합류하셨다. 지주는 고따마Gautama 부처님이 그의 소작인이 아님을 곧 알아챘다. 그는 부처님에게 "당신은 왜 딴 사람들처럼 일하지 않으면서 음식을 얻으려고 하는가? 음식을 왜 구걸하는가? 사지가 멀쩡한 사람이 왜 구걸하는가?" 라고 퉁명스레 말을 내뱉었다. 부처님은 이 말에 화를 내시지 않았지만, "저도 일을 하고 있습니다"라고 대답하셨다. 지주는 부처님께서 일하는 모습을 본 적이 없다고 대꾸했다. 그럼에도 불구하고 그는, 승려는 결코 거짓말을 하지 않음을 알고 있었기 때문에 부처님께 설명을 청했다. 부처님은 "예, 저 또한 경작 일을 하고 있습니다. 믿음(Saddha)이나 확신은 저에게 씨앗이고, 수행은 저에게 비이며, 지혜는 저에게 괭이입니다. 따라서 저는 일하고 있습니다"라고 대답하셨다. 부처님은 그 지주에게 그가 잘 이해할 수 있는 용어로 설명하셨다. 그는 곧바로 그의 땅과 재산을 사람들에게 나눠주고서, 승림으로 들어가 마침내 아라한의 경지에 도달하였다. 이런 식으로 부처님은 여러 종류의 환경에서 담마를 명료하게 가르치실 수 있었다. 그것이 아눗따로 뿌리사담마사라티, 즉 사람들의 마음을 훈련함에 있어 견줄 자 없는 스승의 덕성을 부처님께서 간직하신 이유이다.(제103송 참조)

7) 삿타 데와-마누사낭(천신과 인간의 스승, 天人師)

삿타 데와-마누사낭은 천신과 인간의 스승이자 지도자를 뜻한다. 부처님보다 많이 아는 것은 물론이거니와 부처님께서 알고 계신 만큼 아는 것은 고사하고, 우리들은 부처님께서 설법하신 법문을 조금이라도 이해하려고 애쓰고 있다. 우리들에게 가르침을 주신 학식 깊은 승려가 많이 있음에도 불구하고 마찬가지다. 우리들은 어렸을 때 열반에 도달하길 원해서라기보다는 시험에 합격하기를 원해서 열심히 공부하였다. 그러나 우리들은 사물을 잘 이해하지 못했다. 그것은 마치 아이들이 "오카사, 오카사, 오카사" 하며 배우는 것과 같다. 우리는 단지 그것을 마음으로 배우고 암송할 뿐이었다. 우리는 부처님처럼 현명하지 못하다. 그러나 부처님은 무량하고 위없는 지혜가 있기에 삿타 데와-마누사낭이시다.

많은 사람들이 부처님을 따랐다. 부처님께서 가신 후에도 지금의 우리들처럼 부처님을 스승과 지도자로 여기는 사람들이 많았다. 우리들은 자발적으로 그렇게 하고 있는 것이지, 누가 우리나 우리의 선조들에게 그를 따르도록 지배하거나 강요해서가 아니다. 부처님은 당신이 우리의 스승이라고 강요하지 않으셨다. 우리가 그를 따르는 자가 된 것은 우리 자신의 선택이고 우리 자신의 자유의지이다.

8) 붓도(깨달으신 분, 佛)

붓도는 사성제를 아시는 분이다. 이는 부처님께서 사성제를 스스로 발견하였다는 사실을 강조하는 삼마 삼붓도와 유사하다. 붓도는 부처님께서 단지 사성제를 잘 아신다는 사실을 강조할 뿐이다. 부처님은 무명과 미혹으로부터 깨어나 깨달은 분이시다.

9) 바가와(세존, 世尊)

바가와는 특별한 힘을 부여받으신 분이시다. 부처님께서 쌓으신 복덕은 다른 사람의 복덕보다 훨씬 많은데, 이것이 그분을 바가와라 부르는 이유이다. 복덕은 나눔, 윤리적 도덕성, 인내, 포기, 지혜, 정진, 진실, 결심, 자애, 그리고 평온의 행이다. 부처님은 이러한 복덕을 가장 어렵고 가장 멀리 나아간 단계까지 완성시키셨다. 부처님은 전생前生에 물질뿐만 아니라 당신의 팔다리와 생명조차도 중생과 함께 나누셨다.

(부처님의 생애에 관한) 해설서에서는 훨씬 더 신비적인 방식으로 바가와를 설명할 수도 있을 것이다. 바가와란 용어는 수많은 의미를 가지고 있다.

2. 부처님의 덕성에 관한 명상기법

이제 우리는 부처님의 덕성에 관해 명상할 것이다. 우리 모두가 알고 있듯이 "나모 땃사 바가와또 아라하또 삼마 삼붓다사Namo tassa bhagavato arahato samma sambuddhassa"는 "저는 아라하또와 삼마-삼붓도의 두 가지 덕성을 가진 부처님에게 귀의합니다"라는 뜻이다.

아라하또Arahato는 아라항Araham과 같은 말이다. 우리는 우리의 번뇌(또는 부정적인 느낌 또는 생각)를 관찰하고, 우리에게 여전히 그것이 있음을 받아들이는 것이 중요하다. 산란한 느낌이 들 때 부처님께서 어떻게 정신적 스트레스와 모든 번뇌로부터 자유로우셨는지 깊이 생각해 보라. 우리들은 아라한이 아니기 때문에 부처님과 달리 스트레스나 우울로부터 고통스러워할 수도 있다. 우리들이 아라항과 삼마-삼붓도의 덕성을 깊이 생각함에 따라, 이러한 덕성 위에 부처님을 시각화(관상觀想)한다. 출가 승려든, 세속인이든 우리들은 심지어 며칠 동안 집을 떠날 때조차도 여전히 걱정이 앞선다. 부처님은 모든 것을 포기하고 가족과 부귀, 그리고 왕국을 떠나셨다. (그리고) 부처님은 모든 집착으로부터 자유로워지셨다. 이것이 부처님의 덕성인 아라하또에 관해 명상하는 방법이다. 우리들은 때때로 오래된 옷을 버릴 때조차 망설인다. 우리들은 몇몇 사원에서 부엌과 같은 잘 보이지 않는 곳에 온갖 오래된 잡동사니가 쌓여 있음을 발견한다. 그와 같은 장소는 아라하또의 덕성에 관해 깊이 생각하기에 가장 적합한 곳이다. 단지 어떻게 부처님께서 탐욕(lobha)과 갈애를 여의셨는지 생각해 보라. 우리들은 부처님께서 어떻게 모든 번뇌로부터 해방되셨는지에 대해 우리가 이해한 것을 확장해 보고, 아라하또의 덕성에 관해 깊이 생각해 보아야 한다.

사람들은 누구나 화를 낸다. 국가들은 전쟁을 일으키고 서로에 대해 위협한다. 때때로 우리가 남으로부터 비판을 받을 때 우리들의 마음속은 뒤집힌다. 한때 아름다운 젊은 여인이 있었는데, 그녀의 부모는 부처님을 그녀의 남편으로 삼고 싶었다. 부처님께서는, 당신은 세상을 포기하였고 어떤 것에 대해서도 욕망이 없다고 말하며 거절하셨다. 그러고서 부처님께서는, 그녀의 몸은 역겨운 배설물로 가득 찬 것에 불과하다고 말씀하셨는데, 이로 인해 젊은 여인은 심한 모욕감을 느꼈고 화가 매우 났다. 나중에 그녀는 왕과 결혼하여 왕비가 되었으며, 부처님께 앙심을 품고 무리를 조직하였다. 어느 날 부처님과 아난존자가 탁발길에 성으로 걸어가고 있었을 때 그 무리들이 그들을 향해 고함을 치기 시작했다. "당신들은 거짓말쟁이야. 진실한 성자가 결코 아냐. 당신들은 실제로 깨달음에 이르지 않았어." 아난존자는 큰 당혹감이 들었다. 그는 그 무리의 악담 소리에 반응하고 있었다. 그는 "세존이시여, 다른 곳으로 가십시다"라고 말했다. "왜 아난아?" 아난은 "스승님, 이 사람들은 우리를 모욕하고 있습니다."라고 말하며 부처님께 논리적으로 설득하였다. 부처님은 "아난아! 그곳에서도 사람들이 이처럼 행동한다면 그땐 어떻게 하겠느냐?"라고 답하셨다. "스승님, 그때도 다른 곳으로 옮기면 됩니다"라고 아난존자가 말했다. "아난아, 그쪽에서도 똑같은 일이 일어난다면 이젠 정말로 어떻게 하겠느냐?" "스승님, 아무리 그래도 다시 자리를 옮겨야 합니다." 아난존자는 사람들의 비판에 불쾌해져서 계속 자리를 옮기길 원했다.

누군가 당신의 마음속을 뒤집어 놓는 말을 했을 때 그냥 '아, 나는 평범한 사람일 뿐이야. 그래서 화가 나. 그러나 부처님은 아라한, 곧 특별한 분이시지.' 이렇게 상기해 보라. 부처님께서도 또한 아난존자에게 말씀하셨다. "아난아, 우리는 비판으로부터 달아날 수 없다. 사람들의 비판은 일주일 이상 오래 가지 못한다. 마찬가지로 칭찬도 일주일 이상 계속 가지 못한다." 부처님은 하나의 사건이 모든 것을 빼앗아 가지 않도록 상황을 올바르게 바라보고 계셨다. 그것은 부처님께서 마음으로부터 모든 화의 요소를 없앴기 때문이다. 실제로 부처님은 마음으로부터 모든 부정적인 감정을 뿌리 뽑으셨다. 게다가 우리 마음속에 어떠한 선한 덕성과 마주할 때, 또한 부처님의 선한 덕성과 비교하여 우리의 것은 아무것도 아님을 상기시켜야 한다. 우리는 부처님의 덕성으로부터 영감을 받고 그것을 깊이 생각하여야 한다.

삼마 삼붓도는 부처님께서 사성제에 관해 발견한 능력이다. 부처님은 그것들을 이해하셨을 뿐만 아니라 그것을 완전히 충분히 이해하셨다. 부처님은 깨달음을 얻기 이전, 금욕수행자 고따마 시절에도 고통의 진리(苦諦)를 이해했는지에 대해 질문을 받은 적이 있었다. 싯다르타 왕자 시절, 그는 단 한 번 병든 사람을 보고서 병이 고통의 지배적인 요소임을 바로 깨달았다. 그는 죽은 사람을 보고서 바로 삶에서 고통의 현존을 받아들이고 끊임없이 죽음을 알아차렸다. 그러나 우리의 경우에는 수많은 장례식장에 참석하였음에도 불구하고, 며칠 후 이러한 것을 이내 잊어버린다. 아마 장례식장에 참석하고 있는 동안에만 죽음이 우리의 감정을 흔들어 놓을 따름일 것이다. 집으로 돌아오자마자 우리들은 이내 그것을 잊어버린다. 싯다르타 왕자는 병든 사람을 본 바로 처음 순간 그 고통을 받아들였다. 그러나 그분은 아직 그 단계에서 그것을 궁극적인 진리로 받아들이지는 못했다. 달리 말해 그분은 그 당시에는 네 가지 진리 전체를 함께, 그리고 온전히 깨닫지는 못하신 것이다.

몇몇 종교에서는 고통을 하느님의 의지이자 행동으로 여기고 있다. 이것은 고통이 궁극적인 진리가 아님을 암시한다. 힌두교에 따르면 이러한 고통과 무상함은 단지 환영(maya)으로 여겨지는데, 그들은 그 밑에 영원하고 변하지 않는 대상이 있다고 믿기 때문이다. 그것이 그들이 고통의 유형과 무상함을 궁극적인 것으로 고려하지 않는 이유이다. 불교에 따르면 고통은 궁극적인 진리이다. 우리 모두가 알고 있듯이 네 가지 궁극적인 진리(四聖諦)가 있다. 금욕수행자 고따마가 부처님이 되었을 때, 그는 그것들을 완전히 확실히 알게 되었다. 이러한 고통 뒤에는 아무것도 없다. 고통은 환영이 아니다. 그것은 궁극적인 실재이다. 불교를 공부하면 우리가 매일의 생활에서 어떻게 이들 네 가지 진리를 직면하는지 깨닫게 될 것이다. 우리는 고통(苦)과 고통의 원인(集)과 고통의 소멸(滅)과 고통의 소멸로 이끄는 길(道)을 본다. 이것이 부처님께서 다른 사람들의 도움 없이 발견한 진리이고 부처님께서 삼마 삼붓다(완전히 깨달음에 이르신 분)라 불리는 이유이다.

독송용 우리말 일백오십찬불송

세존께선 가장 수승하셔라.
모든 미혹의 종자 잘 끊으시니
한량없이 수승하신 공덕
여래의 몸에 모두 모여 있네.

오직 부처님께 귀의하며
찬탄하고 받들어 섬길 것이니
이치에 맞게 사유하는 자
마땅히 이 가르침에 머물지어다.

모든 악과 번뇌의 습기
세상을 보호하시는 분께서는 이미 멸하셨네.
복덕과 지혜 원만히 구족하시니
오직 세존만이 퇴전함이 없으셔라.

멋대로 악견 내는 사람들
세존께 원망의 마음 품고서
말과 행동을 이리저리 살펴보지만
조그만 틈도 찾을 수 없네.

생각건대 내가 사람 몸을 얻어
법문 듣고 환희심 내는 일
마치 큰 바닷속 눈먼 거북이가
뗏목 구멍을 만난 것과 같아라.

망념이 항상 따라다니며
혹업의 깊은 구덩이에 빠지게 하네.
그러므로 저는 말과 노래로써
부처님의 진실한 공덕 찬탄합니다.

고요한 성자, 그 경지 무량하시고
거룩하신 덕, 끝없이 넓으셔라.
저 자신의 이로움을 위하여
제가 이제 조금이나마 찬탄하렵니다.

스승 없이 지혜를 깨달으신 분께 예경하네.
온갖 선행과 공덕의 성품 희유하여라.
복덕과 지혜, 위엄과 광명
누가 능히 헤아려 알 수 있으랴.

여래의 무한하신 그 공덕
견줄 수도 말할 수도 없지만
제가 이제 복과 이익 구하고자
훌륭한 말을 빌려 찬탄합니다.

제가 지닌 지혜의 힘 미천하지만
부처님의 공덕은 끝이 없어라.
오직 바라건대 여래의 대자비로
돌아갈 곳 없는 저를 건져 주소서.

원수든 친구든 평등하게 대하시고
인연이 없어도 대비심 일으키시어
중생들 있는 곳 두루 어디라도
늘 진실하고 선한 벗 되어 주시네.

육신까지도 버리시는데
하물며 그 밖의 재물이랴.
세존께선 아낌없는 마음으로
구하는 자 그 소원 채워 주시네.

몸으로 남의 몸 보호하시고
목숨으로 남의 목숨 대속하셨네.
온몸으로 한 마리 비둘기 구하시매
기뻐할 뿐 아까워하는 마음 없으셨네.

세존께선 악도에 떨어짐도 두려워 않으시고
또한 선취에 태어남도 탐하지 않으시며
오직 마음만을 맑고 깨끗하게 닦으셨나니
계문戒門이 이로 말미암아 이루어졌네.

모든 삿되고 왜곡된 것 항상 여의시고
진실하고 바른 것 항상 가까이하시나
모든 업의 자성이 본래 공하여
오직 제일의제에 머물러 계시네.

온갖 고통이 그 몸을 핍박해도
세존께선 평안히 잘 사려思慮할 수 있으시니
바른 지혜로 모든 미혹 끊어버리시고
허물 있는 이에게도 연민 일으키시네.

목숨 바쳐 남의 고난 구제하시고
한량없는 환희심 내시나니
죽었다 문득 다시 살아난다 해도
앞의 기쁨이 뒤의 기쁨 넘어서네.

원수들이 그 몸을 해치고
어느 때나 쉬지 않고 괴롭혀도
그 허물과 죄악 보지 않으시고
언제나 대비심 일으키시네.

바르고 두루한 보리의 종자
마음으로 항상 진귀하게 여기시니
크신 영웅의 이기기 어려운 지혜
그 누구도 미칠 수 없어라.

견줄 수 없는 보리의 과보
고행이야말로 그것의 원인이라.
이런 까닭에 몸을 돌아보지 않으시고
여러 수승한 도품道品 부지런히 닦으셨네.

부유하고 귀한 자나, 가난하고 천한 자나
평등하게 대자비로 이끄시나니
이 세상의 온갖 차별 가운데서
높고 낮다는 생각 내지 않으시네.

뛰어나게 즐거운 등지等持의 과보
마음에 어떠한 탐착도 없으시며
여러 중생을 두루 구제하시고
대비심을 끊임없이 일으키시네.

세존께선 극심한 고난 만날지라도
즐거움을 바라고 구하지 않으시니
미묘하신 지혜와 여러 공덕
그 수승하심 능히 함께할 이 없네.

더럽고 깨끗한 것 뒤섞인 모든 법에서
거짓됨 가려내고 그 진실함 취하심이
마치 청정한 거위의 왕이
우유만 마시고 나머지 물은 버림과 같네.

헤아릴 수 없는 억겁의 세월
용맹하게 보리도 향해 나아가시며
무수한 생을 거듭하는 가운데
목숨 바쳐 묘법을 구하셨네.

삼아승지 무량겁 세월 동안
게으름 피움 없이 정근하시며
이를 견지함을 수승한 도반 삼아
미묘한 보리도를 증득하셨네.

세존께선 질투하는 마음 없으시고
못난 자 얕잡아 보지 않으시며
평등하게 대하고 다툼이 없으시어
수승한 행 모두 원만히 이루셨네.

세존께선 오직 인행을 중히 여기시고
과위의 원만함을 구하지 않으시며
여러 수승한 업 두루 닦으셔서
온갖 공덕 스스로 원만히 이루셨네.

세간을 벗어나는 법 부지런히 닦아
온갖 행의 정상에 오르셨으니
앉고 눕고 경행하시는 곳마다
수승한 복덕의 밭 아님이 없어라.

갖가지 허물을 뽑아 없애시고
청정한 선근공덕 증장시키시며
이렇게 수행을 계속 쌓아나가셨기에
오직 세존만이 최상의 무상도 이루셨네.

갖가지 복덕이 다 원만하시고
여러 허물 모두 제거하셨으니
여래의 청정하온 법신은
번뇌의 습기 다 끊으셨네.

수행의 자량 모으고 또 모으시니
그 공덕 부처님의 몸으로 돌아가네.
아무리 여러 비유를 찾아보려 하지만
부처님과 견줄 자 아무도 없어라.

온 세상을 두루 관찰해 보니
재앙과 횡액의 장애와 번뇌 많거늘
설사 조그마한 선근 있다 한들
어찌 쉽게 상대할 수 있으리오.

온갖 허물과 근심 멀리 여의고
담연하고 편안해 움직이지 않으시니
가장 수승하신 모든 선근
비유로는 설명할 수 없다네.

여래의 지혜 깊고 끝없으며
바닥 없이 깊고 가없으니
세상사를 부처님 몸에 비유한다면
소 발자국 괴인 물을 큰 바다에 견줌일세.

모든 것을 짊어지는 깊은 인자하심
이 세상에 견줄 것 하나도 없네.
무거운 짐 지탱하고 있는 대지도
이에 비교하면 실로 가벼워라.

무명과 어리석음 이미 없애시고
고요한 성자께서 지혜의 광명 두루 비추시네.
세상의 지혜로는 비유할 수 없음이
반딧불로 햇빛을 견줌과 같아라.

여래의 몸과 말과 뜻의 삼업 청정하시니
가을 달빛, 허공, 연못이어라.
세간의 청정함을 부처님 몸에 비유하면
모두 티끌의 혼탁한 성품과 같네.

위에서 갖가지로 인용한 것들이
세상에서 뛰어난 일이라지만
불법은 멀리 초월해 있으니
세상사가 딱하고 가련하구나.

거룩한 법의 진귀한 보배 무더기
부처님은 그 정상 가장 높이 계시네.
위없고 견줄 이 없는 가운데
오직 부처님과 부처님들만이 평등하시네.

여래의 거룩하신 지혜의 바다
즐거움에 끌려 조금이나마 찬탄코자
비루한 말로 수승한 덕을 찬탄하지만
이를 대하니 실로 부끄러운 마음뿐이네.

세상 사람들 마구니 항복함을 보고서
모두가 다 엎드려 귀의하지만
부처님은 진여성품과 같음을 관하기에
나는 가벼운 깃털과 같다 말하리.

가령 큰 전쟁터에서는
지혜와 용맹이 있어야 적을 굴복시킬 수 있지만
여래의 거룩하신 덕은 세간을 초월하셨으니
저들을 항복시킴에 어찌 비유하랴.

차례로 마구니를 항복시키신 후
밤이 지나 새벽이 오는 가운데
모든 번뇌와 습기 다 끊으셨으니
수승하신 공덕이 다 원만해지셨네.

온갖 무명의 암흑 제거하신 거룩한 지혜
천 개의 햇빛보다 더 밝아라.
모든 삿된 외도 굴복시키시니
그 희유함에 견줄 것이 없네.

계정혜 선근공덕 원만하시고
탐진치 영원히 소멸하시며
무명종자 오랜 습기 이미 다 없애셨으니
그 청정하심에 견줄 것이 없네.

세존께선 묘법을 늘 칭찬하시고
바르지 못한 법은 늘 나무라시지만
이런 삿되고 바른 것들에
미워하고 사랑하는 마음 없으셔라.

부처님의 거룩한 제자들이나
외도 스승의 제자들이라도
저 거역하고 순종함에 대해
부처님은 처음부터 두 마음 없으시네.

마음으로 공덕에도 집착하지 않으시고
공덕 갖춘 자에게도 탐착하지 않으시니
훌륭하셔라, 지극히 허물없음이여!
거룩한 지혜, 늘 원만하고 정결하시네.

모든 감관이 늘 맑고 고요하시어
미혹되고 허망한 마음 길이 여의셨네.
여러 가지 경계 가운데
현량은 직접 봄으로 말미암네.

억념과 지혜로 진제를 다 밝혀도
어리석은 범부는 헤아릴 수 없어라.
좋은 말로 잘 설명하려 하지만
그분은 말을 잃은 경지를 증득하셨네.

고요하고도 걸림 없는 빛
희고 깨끗하게 비추이네.
미묘한 색신은 세상에서 희유하니
그 누가 존경심 품지 않으랴.

어떤 사람이 처음 잠시 보거나
다시 늘 보아도
미묘하신 모습은 다르지 않나니
처음 보나 늘 보나 똑같이 환희하네.

최고의 위엄과 공덕 지닌 수승하신 몸
보는 이 누구나 싫은 마음 없어
설사 무량겁의 세월이 지난다 해도
처음처럼 기쁘게 우러러보네.

의지의 대상은 덕의 본성이고
의지의 주체는 덕의 마음이라.
본성과 모습을 다 갖추어 융통하셨으니
주체와 대상은 처음부터 다르지 않네.

이와 같이 부처님의 공덕은
여래의 색신에 모두 들어 있나니
부처님의 32상 80종호의 색신 벗어나
편안히 의지할 곳 그 어디 있으랴.

저는 전생에 지은 선근복덕으로
다행히 부처님을 만나 뵈었나니
부처님의 태산 같은 공덕 우러러 찬탄해도
세존께서 수기하심에 보답할 길 아득하여라.

모든 부류의 중생들은
다 번뇌로 인해 (윤회를) 지속하지만
오직 부처님만은 번뇌를 잘 없애시고도
자비심으로 인해 세상에 오래 머무시네.

누구에게 마땅히 먼저 예경하랴?
오직 대자대비하신 부처님뿐이라.
거룩하신 공덕은 세간을 초월하셨으나
자비심과 서원으로 생사에 머무시네.

세존께선 고요한 법락에 계시면서도
중생 위해 오탁악세에 거처하시고
영겁의 오랜 세월 동안 정근하시며
자비심으로 일체중생을 위하시네.

진리로 세상을 이롭게 하기 위해 돌아오심은
대비심이 이끌어 냄으로 말미암은 것이니
마치 주문으로 인해 잠룡이 세상에 나와
구름 일으키고 감로비 내림과 같네.

수승한 선정의 자리에 항상 머무시며
원수와 친한 이를 평등하게 보시니
흉악한 자와 왁자지껄 노래하는 사람들
몸 바쳐 거룩하신 덕에 귀의하네.

신통으로 사자후 외치시며
삼계에서 홀로 존엄하다고 선포하시니
오래전에 이미 명성을 싫어하셨지만
자비심으로 말미암아 스스로 칭찬하셨네.

중생 이롭게 하는 행 닦으시되
일찍이 스스로 이롭게 하는 맘 없으시고
자비심이 중생에게 두루하셔도
당신 자신에겐 치우쳐 애착하지 않으시네.

자비심과 서원 끝이 없어
그릇(근기) 따라 중생 교화하시니
제사 음식 사방에 뿌리듯이
간 곳마다 모두를 이롭게 하시네.

깊은 마음으로 일체중생을 생각하시고
항상 잠시라도 버리지 않으시니
남을 이롭게 하시다 도리어 욕을 당해도
자비심 때문이니, 부처님은 허물이 없어라.

자비로운 음성으로 미묘한 뜻 연설하시니
허망한 말 아니고 참된 진리의 말씀이시라.
기연 따라 광설·약설 법문 자재하시고
시절 따라 소승·대승 법륜 굴리시네.

만약 세존께서 설하시는 법문 듣는다면
누가 진귀하다 찬탄하지 않으랴.
설령 나쁜 마음 품었다 해도
지혜 있는 분께 모두 믿고 귀의한다네.

말과 뜻이 언제나 교묘하고 좋으시니
혹 거친 말씀 하신다 해도
이익이 될 뿐, 모두가 허망한 말 아니니
그러므로 다 참되고 미묘한 법문 이루네.

부드러운 말씀과 엄한 말씀으로
상황에 따라 중생 교화하시니
거룩하신 지혜와 걸림 없는 마음
한맛으로 모두 평등하여라.

수승하여라, 때 없이 청정한 업이여!
그 공교함은 뛰어난 장인과 같으시네.
이렇게 미묘한 몸 성취하시고
이렇듯 진귀하고 보배로운 법문 펴시네.

보는 이 누구라도 환희하고
듣는 이 누구라도 마음 열려
아름다운 존안으로 미묘 법문 설하시니
마치 달에서 감로수 흘러나오는 것 같네.

자비 구름에서 법의 비 뿌리시어
욕심 번뇌 물든 마음 씻어주시니
마치 저 가루다 왕이
모든 용의 독 삼켜 없애는 듯하네.

무명의 어둠을 몰아내심은
천 개의 태양이 빛나는 것과 같고
아만의 산을 쳐부수심은
제석천왕의 금강저와 같아라.

현실에서 증명하시니 그릇되지 않고
선정에 들어 혼란한 마음 없애시며
여실하게 잘 수행하시니
세 가지 일이 모두 원만하셔라.

처음으로 부처님의 말씀 들으면
마음이 기쁘고 밝게 열리지만
여기에서부터 잘 사유해가면
모든 번뇌가 소멸된다네.

고통받는 자를 위로하시고
게으른 자에게 두려움 생기게 하시며
향락에 빠진 자에게 싫어하는 마음 내도록 권하시니
상황에 따라 모두 일깨워 주시네.

상근기는 법의 기쁨을 증득하고
중근기는 수승한 이해가 생기며
하근기는 믿는 마음을 일으키니
세존의 말씀은 모두를 이롭게 하시네.

모든 삿된 견해를 잘 뿌리 뽑아
열반 언덕 이르도록 인도하시니
죄와 번뇌를 씻어 없앨 수 있음은
세존께서 법의 비 내리셨기 때문이네.

일체의 지혜로 걸림이 없고
정념 가운데 늘 머무시니
여래께서 중생에게 수기 주신 것
오직 한결같아 그릇되지 않아라.

장소가 아닌 곳이나 때가 아닌 시간이나
그릇이 아닌 자에게는 법륜을 굴리지 않으시니
세존께서 하신 말씀은 헛되이 않아
듣는 사람은 모두 다 힘써 수행하네.

오직 한길로 나아가는 수승한 방편
잡다함 없어 닦아 배울 수 있고
처음과 중간과 끝이 다 훌륭하지만
다른 가르침은 모두 그렇지 못하다네.

이와 같이 한결같이 좋은 길
어리석은 외도들이 비방하고
이 가르침 싫어해 외면한다면
이보다 더 원통할 일 또 있으랴.

여러 겁 동안 미혹한 중생 위해
온갖 쓰라린 고통 다 겪으셨으니
이 가르침 설령 선이 아닌 듯 보일지라도
부처님을 생각하며 마땅히 받들어 닦을 지어다.

더구나 큰 이익뿐만 아니라
거듭 깊고 미묘한 뜻 베푸셨나니
설사 머리에 불이 붙었을지라도
먼저 마땅히 이 가르침 구해야 하리.

자재함과 보리의 법락
거룩한 덕과 늘 담연함
모두 이 가르침으로 말미암아 생기나니
그분은 언설이 다한 경지 증득하셨네.

세상의 영웅이신 여래의 진실한 가르침
삿된 외도들 듣고서 모두가 놀라네.
마왕은 괴로운 마음 품지만
인간과 천신은 더없이 기뻐하네.

대지가 분별함 없이
평등하게 일체를 지지하듯이
거룩한 가르침은 중생을 이롭게 하니
삿된 자 바른 자 함께 이익 얻네.

잠시라도 부처님 말씀 들었다면
금강의 종자 이미 심어진 것이니
비록 아직은 삼계의 울타리 못 벗어났어도
끝내는 죽음이 가는 곳을 초월하리라.

법문을 듣고, 바르게 뜻을 사유하고
여실하게 잘 수행한다면
차례대로 세 가지 지혜 원만해지리니
다른 가르침은 모두 이와 견줄 수 없네.

오직 한 분 우왕선(牛王仙, 부처님)만이
참되고 원만한 이치에 묘하게 계합하시나니
이 가르침 부지런히 닦지 않는다면
정녕 이보다 더 원통할 일 어디 있으랴.

잠시만 듣더라도 갈애를 없애 주고
사견 지닌 자도 믿음이 생기며
듣는 자 누구라도 환희심 일으키니
이것에 의지해 청정한 계율 갖추네.

탄생하실 때 모두가 기뻐하고
성장하실 때 세상이 다 즐거워하며
큰 교화로 중생을 이롭게 하시고서
적멸을 보이시니 모두가 슬픔 느끼네.

찬영하면 온갖 괴로움 제거되고
억념하면 경사스런 일 불러오며
심구하면 밝은 지혜 일어나고
해오하면 마음이 원만하고 깨끗해지네.

부처님을 만난 이는 존귀해지고
공손히 모시면 수승한 마음 생기며
받들어 섬기면 복의 인연 감응하고
가까이 받들면 근심과 고통 사라지네.

계율 구족해 심신이 청정하고
선정 구족해 마음이 맑고 고요하며
반야의 지혜가 원융하고
항하사 같이 수많은 복덕이 모인다네.

세존의 모습과 세존의 가르침
그리고 세존께서 증득하신 진리
보고, 듣고, 사유하며 깨닫는 중에
이 공덕의 보배가 가장 수승하여라.

표류하는 자에게 섬이 되시고
해함을 받은 자에게 보호자 되시며
두려워하는 자에게 귀의처가 되시니
이들을 이끄시어 해탈로 인도하시네.

청정한 계율로 오묘한 그릇 이루시고
좋은 밭으로 뛰어난 열매 열리게 하시며
선한 친구로 세상 이롭게 하셨나니
지혜의 생명, 이로 인해 이루어졌네.

은혜 베푸시고 온화하게 참으시니
보는 자 함께 기쁘고 즐거워하네.
인자하신 마음 널리 모으시니
그 공덕 끝이 없으시네.

몸과 말에 허물과 악이 없어
경애하는 마음 절로 솟아나고
길상과 갖가지 의로움과 이로움
모두 부처님의 공덕에 의지하네.

부처님은 세상 사람 잘 이끄시나니
게으름에 빠진 자는 부지런하게 하시고
마음이 굽은 자는 바른 마음으로 조복시키시며
길 잃은 자는 바른 길로 돌아오게 하시네.

선근이 성숙한 사람은
세 가지 수레로써 잘 이끄시고
용렬하여 잘 따르지 않는 사람은
자비심에 잠시 내버려 두시네.

재난을 만난 자에게 자선을 베푸시고
안락한 자에게 선법 닦을 것 권하시며
고통받는 중생에게 자비와 연민 베푸시니
모든 중생들을 이롭게 하고 즐겁게 하시네.

해치는 자에게 자애의 생각 일으키시고
그릇되게 행하는 자에게 염려하는 마음 내시며
포악한 자에게 자비의 마음 일으키시니
거룩하신 덕, 찬탄할 길 없어라.

이루 말할 수 없이 깊은 은혜
세상 사람들 모두 알고 있는데
이에 반하여 원망하는 마음 내어도
세존께선 늘 자비와 연민 일으키시네.

몸을 잊고서 일체중생 구하시며
당신 일에는 근심하지 않으시고
무너지고 타락한 사람들을
친히 돕고 보살피시네.

두 세상에 은혜 베풀기 위해
모든 세간 벗어남 돕기 위해
세존께선 어둠 속에 늘 밝게 빛나는
지혜의 등불 심지 되시네.

인간과 천신이 받는 모든 과보
중생 따라 갖가지로 다르지만
오직 부처님 펴신 정법의 맛은
누구에게나 평등해 차별 없어라.

사람들의 성씨와 집안, 용모와 힘
나이도 상관하지 않으시고
선근이 있는 사람이라면 누구라도
구하는 자 모두 소원 이뤄 주시네.

여러 희유한 일 널리 나타내시고
인연 없는 대자비 일으키시니
거룩한 무리와 인간과 천신들은
합장하여 다가와 모두 친견하네.

오호라, 생사의 두려움이여!
부처님께서 광명을 비추시어
여러 중생들 이롭게 하시고
모든 이들 소원 들어 주시네.

악인들과 함께 어울려 지내시면서
즐거움 꺾으시고 근심과 위험 취하시며
비방과 괴롭힘으로 그 몸을 해치더라도
오히려 수승한 공덕을 받는 것 같이 여기셨네.

만물 위해 부지런히 힘써 행하시나
일찍이 물들고 집착하는 마음 없으셨으니
세존의 희유하신 공덕
뛰어난 말로도 표현하기 어려워라.

세존께선 험악한 길 다니시며
말 보리죽 드시고, 소 발굽 지난 길에 누우시며
육 년 동안 고행하셨지만
편안히 받으시고 물러나는 마음 없으셨네.

세존께선 가장 높은 자리 계셔도
자비와 연민으로 모든 중생 교화하시니
비록 비천한 사람을 만날지라도
몸과 말씀은 더욱 공경하고 겸손하시네.

또한 존귀한 자리의 주인이시지만
일찍이 교만한 마음 전혀 없으시고
당신 자신을 굽혀 중생을 섬기심이
마치 하인처럼 낮추고 공손하시네.

중생들 근기가 억만 가지라
백천 가지로 꼬투리 잡아 논란하여도
여래께서 자비롭고 좋은 음성으로
한 번 답하시면 모든 의혹 다 끊어지네.

하늘을 덮고 땅을 싣는 것보다 더 깊은 은혜
그 공덕 배반하고 깊은 원망 일으키지만
세존께서는 가장 지독한 원수조차도
오히려 가장 소중한 은인으로 여기시네.

원수들은 부처님을 해롭게만 하지만
부처님은 원수들을 섬기기만 하시고
원수들은 부처님의 허물만 찾는데
부처님은 그들에게 은혜를 베푸시네.

삿된 외도들이 질투하는 마음 품고
독이 든 음식과 불구덩이를 청하나
연민과 서원으로 (불구덩이는) 맑은 연못으로 바꾸시고
독을 바꾸어 감로수 이루시네.

인욕으로써 성내는 자 길들이시고
진실한 말씀으로 비방하는 자 녹이시며
자비의 힘으로 마구니의 원망을 조복시키시고
바른 지혜로 삿되고 악독한 자를 항복시키시네.

미혹한 무리들은 오랜 세월 따라
악한 버릇 익혀 성품으로 굳어졌으나
오직 미묘한 행 원만하신 세존께서는
한 생각에 착하게 뒤바꾸셨네.

온유함으로 포악함을 항복시키시고
보시 베풀어 인색함을 깨뜨리시며
고운 말로 거친 말을 굴복시키심은
오직 세존만의 수승하신 방편이어라.

난다의 큰 교만 꺾으시고
앙굴리마라에게 자비심 일으켜 주시며
다스리기 어려운 자 잘 다스리셨으니
뉘라서 희유하심 찬탄하지 않으랴.

오직 부처님의 거룩한 제자만이
법의 맛으로 절로 마음이 상쾌하여라.
풀로 된 자리에서도 편안하나니
황금 침상 귀히 여기지 않네.

중생의 근기와 욕구의 성품 잘 아시어
근기와 인연에 따라 거두어 교화하시니
때론 청하기를 기다려 설법하시고
때론 묻는 이 없어도 스스로 설법하시네.

처음에는 보시와 계율을 설하시고
점차로 청정한 마음이 생기면
그 뒤로 진실한 법 말씀하시어
마침내 원만히 증득케 하시네.

윤회의 물살에 휩쓸린 곳에서 두려워할 때
오직 부처님만이 귀의처가 될 수 있나니
용맹하고 대자대비하신 세존만이
뭇 중생을 도와 제도하실 수 있다네.

부처님 몸 구름처럼 법계에 두루하여
법의 비 내리시어 티끌세상 씻어 주시네.
감응해 나타나심이 각자 같지 않음은
중생들 근기 따라 다름이 있기 때문이라.

선하고 청정하시며 어김과 다툼 없으시니
오직 세존만을 받들어 예경할지라.
사람과 천신 널리 이롭게 하시니
모든 중생들 부처님께 공양 바치네.

몸과 마음으로 짓지 않아도
여러 세계 두루 잘 교화하시고
설하신 법문, 미묘하게 상응하시니
이런 공덕 오직 세존께만 있으셔라.

오래 닦으신 세 가지 업 청정해
미묘한 상서 가없이 나투시나니
여러 세상 두루 살펴보아도
이런 수승한 덕 지닌 분 없어라.

아무리 극악한 자에게도
순수한 최상의 자비를 행하시고
모든 중생 널리 이롭게 하시며
부지런히 용맹정진 하시네.

성문으로 불법을 아는 자
세존을 항상 받들어 섬기며
아무리 열반을 증득한다고 해도
끝내 그는 빚진 사람이라 불리네.

그와 같은 여러 거룩한 대중들
자신만을 위해 닦아 배웠을 뿐이라
중생을 이롭게 하는 마음 버렸기에
빚을 다 갚았다 말할 수 없네.

무명의 잠 그치도록 깨워주시고
자비관으로 시방세계 두루 미치시며
무거운 짐 지고 부지런히 애쓰시니
마땅히 친근해야 할 거룩하고 선한 분이시라.

마구니와 원수들이 해코지하고 괴롭혀도
부처님의 힘으로 능히 없애 주시나니
열네 가지 무외공덕 가운데
이는 단지 일부만 드러내신 것이라.

자비심으로 일체중생 교화하시나
거룩한 뜻으로 아무런 바람도 없으시며
이익과 즐거움 베풀지 않음이 없으시니
뛰어나게 이 모든 일 다 하시네.

여래의 수승하고 미묘한 법이
다른 사람에게 옮겨질 수 있다면
오악중죄 지은 제바달다와 선성비구
마땅히 이 가르침 버리지 않았으리라.

무시이래로 유전하는 가운데
서로를 이롭게 하지 못한 까닭에
부처님께서 세상에 오시어
중생 교화하는 문 여시었네.

녹야원에서 교진여 처음 제도하시고
쌍림에서 수발다라 마지막 교화하시어
사바세계 인연중생 제도 마치셨으니
다시는 중생에게 갚아야 할 빚 없으셔라.

법륜을 오랫동안 굴리시면서
미혹한 무리들을 깨우치시니
항하사만큼 많은 학인들 받아 지녀
모두 다 삼계를 이롭게 하였네.

금강삼매의 수승한 힘으로
견고한 몸 스스로 부수시고도
대비심 버리지 않으시고
오히려 널리 세상을 교화하셨네.

나와 남 이롭게 하는 행 충만하시고
색신과 법신의 두 몸 모두 원만하시어
성불 종자 없는 중생까지 거두어 구하시며
쌍림에서 불성을 드러내셨네.

자비심은 삼계의 중생을 꿰뚫으시니
육신의 모습으로 여러 곳에 응하시고자
좁쌀처럼 무수히 몸을 나투시고
이에 원만한 열반 가운데 머무시네.

거룩하여라, 기특한 행이여!
희유하여라, 공덕의 몸이여!
부처님의 모든 법문은
세상에 일찍이 없던 것이어라!

중생에게 두루 은혜 미치시니
몸과 말씀 항상 고요하셔라.
어리석은 범부, 거룩한 은혜 등지고
부처님을 비방하고 분노 일으키네.

법의 무더기와 보배의 창고, 참으로 가없고
덕의 근원과 복의 바다, 실로 헤아릴 수 없네.
만약 어떤 중생이 일찍이 세존께 예경했다면
그 중생에게 예경함 또한 좋은 예경이라 한다네.

거룩한 덕과 신묘한 공 다함없으나
지금 저의 지혜 하열함은 티끌과 같아라.
여래의 태산 같은 공덕 찬탄코자 하나
벼랑 바라보고 겁내어 물러나 그칩니다.

그 경지, 한량없고 수도 없고 끝도 없으며
그 이치, 생각하기도 바라보기도 깨닫기도 어렵네.
오직 부처님 거룩한 지혜로만 홀로 아시니
어찌 어리석은 범부가 찬탄할 수 있으랴.

하나의 터럭, 하나의 모습도 법계에 가득차고
하나의 행, 하나의 공덕도 마음의 근원에 두루하도다.
청정하고 광대함이 향기 좋은 연못 같아
중생들의 번뇌와 갈증 능히 고쳐 주시네.

제가 고요한 성자, 공덕 바다 찬탄하였나니
이 선업에 기대어 보리도 향해 나아가리라.
두루 원컨대 중생들 수승한 보리심 발하여
어리석은 범부의 망심 영원히 여의게 하소서!

마트리체타(Mātṛceṭa)

A.D. 1세기에 활동한 인도의 불교시인, 중인도 카나라굽타 왕의 아들이다. 주요 작품으로는 『일백오십찬(Śatapañcāśatka)』, 『사백찬(Varṇārhavarṇa-stotra)』 등이 있다.

의정(義淨, 635~713)

당나라 시대 학승, 68부 290권의 경전을 한역하여 중국의 3대 구법승으로 일컬어진다. 『남해귀기내법전』, 『대당서역구법고승전』 등을 저술하였다.

반테 S. 담미카(Bhante S. Dhammika)

1951년 호주 출신, 스리랑카 승단에서 출가한 남방 상좌불교 스님으로 Buddha Dhamma Mandala Society의 영적 지도자이다. *GOOD QUESTION GOOD ANSWER* 외 다수의 불교서적을 저술하였다.

허만항許萬亢

서울대학교 자연대 동물학과를 졸업하고, 제약 및 의료기기 회사에서 근무하였다. 퇴직 후 염불수행 및 불교 관련 서적 번역가로 활동중이다.

부처님, 나의 부처님

초판 1쇄 인쇄 2014년 4월 24일 | **초판 1쇄 발행** 2014년 5월 1일

지은이 마트리체타 | **펴낸이** 김시열

펴낸곳 도서출판 운주사

(136-034) 서울시 성북구 동소문로 67-1 성심빌딩 3층

전화 (02) 926-8361 | **팩스** 0505-115-8361

ISBN 978-89-5746-373-4 03220 값 10,000원

http://cafe.daum.net/unjubooks 〈다음카페: 도서출판 운주사〉